Des M. Minucius Felix Dialog Octavius

AF176702

für Emmanuel

Frühchristliche Werke

Vorwort

Dieses Buch widme ich meinem Sohn, der in Alleinregie die Bibliothek der Kirchenväter zu lesen begann, auf diese Perle der frühchristlichen Literatur stieß, sie las, darüber recherchierte, und sie dann der Hausgemeinde empfahl.

Wir haben dieses uns bis dato unbekannte Werk darauf gemeinsam gelesen und waren von dessen Strahlkraft, Intelligenz, Schönheit und Vorbild berührt.

Gemeinsam brachten wir die Sprache und Schrift in eine heute lesbarere Form, wobei wir sie bewusst nicht in die modernste Rechtschreibung pressten, sondern ihren eigentümlichen Charakter zu wahren trachteten. Wir überarbeiteten und ergänzten die Fußnoten, und entschieden uns, ein Lexikon der Mythologie und Geschichte zusammenzustellen, damit der gesamte Dialog, der gespickt ist von historischen und mythologischen Namen und Begriffen, auch anderen Lesern verständlich werde. Erneut war es mein Sohn Emmanuel, der überaus viel Liebe und Zeit in das Lexikon steckte, dem er sogar seinen ganzen Urlaub widmete, um es möglichst informativ und ausführlich zu machen. Möge seine und unser aller Arbeit auch anderen dienen.

Somit widme ich dieses Buch am Ende allen Lesern, die sich davon inspirieren und anleiten lassen wollen auf ihrem Weg. Sie werden Antworten finden auf die wichtigen Fragen des Lebens.

Michael Eichhorn

Hermagor 2023

M. MINUCII FELICIS
OCTAVIUS.

LUGD. BATAV. Ex Officina HACKIANA. 1672.

4

Dialog Octavius (BKV) deutsch, Frühchristliche Apologeten Band II.

Aus dem Lateinischen übersetzt von Dr. Alfons Müller - Kaplan in Stuttgart. Bibliothek der Kirchenväter, 1. Reihe, Band 14, München 1913. Unter der Mitarbeit von: Ursula Schultheiß. Online frei zur Verfügung gestellt von der Universität Freiburg unter https://bkv.unifr.ch/de/works/cpl-37/versions/dialog-octavius-bkv/

Überarbeitet, ergänzt, Cover gestaltet und herausgegeben von Michael Eichhorn, 2022-2023, Neudorf 25, 9620 Hermagor. eMail: nachricht@dlda.info.

Herstellung und Verlag: BoD – Books on Demand, Norderstedt.

ISBN: 9783751920445

Bibliografische Information der Deutschen Nationalbibliothek: Die Deutsche Nationalbibliothek verzeichnet diese Publikation in der Deutschen Nationalbibliografie; detaillierte bibliografische Daten sind im Internet über dnb.dnb.de abrufbar.

Die Lehre der Apostel
www.dieLehrederApostel.info
Christliche Gemeinschaft Hermagor
auf dem Weg der frühen Christen
nachricht@dlda.info

Inhaltsverzeichnis

Prolog

I.

Während ich meinen Gedanken nachging und dabei die Erinnerung an meinen guten, treuen Freund Octavius auffrischte, hat mich eine solch süße Zuneigung zu ihm ergriffen, daß es mir fast vorkam, ich kehrte selbst gleichsam in die Vergangenheit zurück, und nicht etwa ich riefe bereits verlebte und entschwundene Zeiten wieder ins Gedächtnis. So sehr hat sich sein Bild in dem Grade, wie es meinen Augen entrückt ward, meinem Herzen, ich möchte fast sagen, den tiefsten Fasern meiner Seele eingeprägt. Ganz natürlicherweise hat der vortreffliche edelgesinnte Mann uns bei seinem Hinscheiden[1] eine starke Sehnsucht nach sich hinterlassen; war er ja auch seinerseits immer von solch inniger Liebe zu uns beseelt, daß er in Scherz und Ernst mit mir willenseins gewesen und alles wollte oder nicht wollte[2] gleich mir. Man hätte glauben können, ein Herz hätte sich auf zwei Personen verteilt. So war er der einzige Vertraute meiner Lieblingsneigungen, er Genosse meiner Irrtümer. Nachdem die Dunsthülle gesunken und ich aus der tiefsten Finsternis zum Licht der Weisheit und Wahrheit mich empor gerungen, versagte er nicht das Geleite, ja er eilte – ganz besonders ruhmvoll für ihn – mir voran.

Wie nun meine Gedanken über die ganze Zeit unseres Beisammenseins und unseres Freundschaftslebens hinschweif-

---

1 Das ist also ein Nachruf auf den verstorbenen Freund.
2 „Eadem velle vel nolle" war sprichwörtl.; vgl. Sallust. Cat. 20,4.

ten, blieb meine Aufmerksamkeit vorzugsweise auf jenem Gespräche haften, durch welches er den Q. Caecilius, damals noch im Wahne des Aberglaubens befangen, in einer hochbedeutsamen Unterredung zur wahren Religion bekehrt hat.

II.

Geschäftshalber und um mich zu besuchen war er nach Rom gereist, Haus, Frau und Kinder zurücklassend. Letztere standen dazu noch in den Jahren der Unschuld, wo die Kinder am liebenswürdigsten sind; eben erst versuchten sie halbe Worte, eine Sprache, die gerade durch die abgerissenen Laute der noch ungelenken Zunge ihre besondere Anmut besitzt. Ich kann es nicht mit Worten ausdrücken, welch große, unbändige Freude seine Ankunft mir gemacht, und die Freude war um so größer, weil mein lieber Freund unvermutet kam.

Bereits hatten wir nun einige Tage lang bei häufigem Zusammensein unsere heiße Sehnsucht befriedigt und gegenseitige Erfahrungen während unserer Trennung miteinander ausgetauscht, da faßten wir den Entschluß, die entzückende Stadt Ostia[3] aufzusuchen. Die Seebäder gaben ein gutes und zuträgliches Kurmittel ab, um aus meinem Körper schädliche Säfte zu beseitigen. Zudem hatten auch die Weinleseferien meine gerichtlichen Arbeiten erleichtert; es

---

3   Diese Stadt, 21 km von Rom entfernt, war damals noch an der Mündung des Tiber, heute 7 km vom Meer weg. Sie bildete den Hafenplatz von Rom und war zugleich eine Villenstadt für vornehme Römer, mit Theater und bedeutenden Thermenanlagen.

war nämlich gerade die Zeit, wo Herbstwetter nach den heißen Tagen die Sommerhitze gemildert hatte.

Beim Morgengrauen wandelten wir dem Flußufer entlang zum Meere; der milde Lufthauch belebte unsere Glieder und es bereitete uns einen köstlichen Genuß, wie der sandige Boden unsern weichen Tritten nachgab. Da bemerkte Caecilius[4] eine Serapis-Statue. Er führte nach der Sitte des abergläubischen Volkes seine Hand zum Munde und drückte mit den Lippen einen Kuß darauf.[5]

III.

Da sprach Octavius:

„Mein Bruder Marcus[6], es ziemt sich nicht für einen edlen Mann, einen Menschen, der zu Hause und in der Öffentlichkeit deine Gesellschaft teilt, in der blöden Unwissenheit des gewöhnlichen Volkes zu lassen und zu dulden, daß er am hellen Tag sich an Steine hinwirft, welche freilich zu Bildern gemeißelt, gesalbt und bekränzt sind. Du weißt doch, daß solch schmachvolle Verirrung ebensogut dir wie ihm zur Last fällt."

Während er so sprach, hatten wir die Mitte der Stadt erreicht und kamen bereits an die offene Küste. Sanfte Wel-

---

4 Caecilius hatte als Dritter den Minucius und Octavius begleitet.

5 Der Isis- und Serapiskult war in der Kaiserzeit besonders in der vornehmen Welt von Rom sehr verbreitet. Das geheimnisvoll Düstere der ägyptischen Volksgottheiten übte großen Einfluss aus. Das Zuwerfen einer Kußhand war ein Zeichen der Anbetung.

6 Weiterer Vorname des Minucius Felix. „Bruder" nicht im leiblichen sondern weiteren Sinne; übliche Anrede der Glaubensbrüder unter Christen, die von Römern missverstanden wurde. Siehe [IX].

len spülten dort am äußersten Rand den Sand an und breiteten ihn am Ufer hin, als wollten sie ihn für einen Spaziergang zurechtlegen. Wohl schlug das Meer nicht mit weiß schäumenden Fluten ans Land; aber wir hatten doch unsere Freude an den gekräuselten, verworrenen Wechselbewegungen der Wellen – das Meer ist ja immer auch bei Windstille unruhig. Wir wanderten gerade am Rand des Meeres dahin; da spülte es abwechslungsweise bald heranwogend seine Wellen an unsere Füße, bald schlurfte es dieselben zurückweichend und zurücktretend wieder in sich hinein. Langsam und gemächlich schritten wir voran am Ufer der schwachgekrümmten Küste und verkürzten mit Plaudereien den Weg. Diese Plaudereien gingen von Octavius aus; er berichtete von seiner Seefahrt. Doch als wir bereits eine ordentliche Strecke Weges unter Gesprächen zurückgelegt, machten wir Kehrt und gingen den gleichen Weg rückwärts. Wir kamen zu dem Platz, wo Schiffe heraufgezogen und auf Eichenstämmen zum Schutz gegen den Einfluß des feuchten Bodens gelagert ruhten. Dort sahen wir Knaben eifrig ein Wettspiel mit Scherben treiben, die sie ins Meer schleuderten. Dieses Spiel besteht darin, daß man ein abgerundetes, von den Wellen geglättetes Steinchen in Form einer Scherbe am Ufer aufliest, dieses Steinchen in horizontaler Lage mit den Fingern faßt, sich selbst so tief als möglich bückt und es dann über die Wellen hinrollen lasst. Dieses Wurfgeschoß streifte nun den Rücken des Meeres und schwamm darüber hin, mit sanfter Gewalt darüber hingleitend oder es schimmerte und tauchte heraus über die höchsten Wogen dahinschnellend in fortlaufendem Sprung emporgehoben. Unter den Knaben hielt sich der für den

Sieger, dessen Steinchen am weitesten hinauslief und am öftesten emporsprang.[7]

IV.

Während alle dieses lustige Schauspiel fesselte, gab Caecilius in keiner Weise darauf acht und hatte keine Freude an dem Wettspiel. Schweigsam, bekümmert, in sich versunken, verriet er durch seine Miene, daß ihn etwas schmerzte. Da sprach ich zu ihm:

„Was ist denn? Caecilius, wo bleibt deine sonstige Lebhaftigkeit, warum muß ich deinen heiteren Blick vermissen, den du sonst selbst bei ernsten Dingen zeigst?"

Er entgegnete:

„Schon lange wurmt und quält mich heftig die Rede unseres Octavius, in welcher er sich gegen dich gekehrt und dich der Pflichtversäumnis bezichtigt hat, um desto schwerer auf diese verschleierte Weise mich der Unwissenheit zu beschuldigen. Nun ich will weiter ausholen: ich will über die volle und gesamte Angelegenheit mich mit Octavius aussprechen. Wenn es ihm recht ist, so will ich als Anhänger dieser Richtung mit ihm disputieren; er wird dann gewiß einsehen, daß es leichter ist, ein Wortgefecht unter Freunden zu führen als regelrecht wissenschaftlich miteinander zu kämpfen. Nur wollen wir uns auf jenen zum Schutz der Bäder aufgeworfenen

---

7 Dieses sportliche Spiel ist heute noch beliebt, weit verbreitet, und unter verschiedensten Namen bekannt wie „platteln", „flitschen", „Steinchen springen lassen", „Steinehüpfen" uva.

und ins Meer vorspringenden Steindamm niederlassen, damit wir von unserem Marsche ausruhen und um so mehr unsere Gedanken auf das Gespräch richten können. "

Auf sein Wort hin nahmen wir Platz; die Gegner setzten sich zu beiden Seiten und nahmen mich als Dritten in die Mitte. Das geschah nicht etwa aus Höflichkeit noch mit Rücksicht auf Rang und Ehrenstellung – denn Freundschaft setzt Gleichheit der Personen voraus oder schafft sie – sondern ich sollte auf diese Weise als Schiedsrichter beiden gleich nahe zuhören können und in der Mitte sitzend das streitende Paar voneinander trennen.

Rede des Caecilius

V.

Nun begann Caecilius also:

„Bruder Marcus, du bist zwar über den Gegenstand unserer jetzigen Erörterung nicht im Zweifel; du hast dich ja in beiden Lebensrichtungen sorgfältig umgesehen und die eine verworfen, die andere für richtig erkannt. Dennoch mußt du für jetzt deine Seele so stimmen, daß du die Waage eines durchaus gerechten Schiedsrichters hältst und nicht nach einer Seite überwiegend hinneigst.[8] Dann wird das Urteil als Resultat unserer Erörterungen, nicht etwa als Ausfluß deiner Sinnesrichtung erscheinen. Wenn du mir nun so zu Gericht sitzest wie ein Fremder und wie wenn du keine Partei kanntest, so ist es nicht schwer nachzuweisen: alles im menschlichen Leben ist zweifelhaft, unsicher, schwankend und besser bloß wahrscheinlich als wahr zu nennen.[9] Um so mehr ist es deshalb sonderbar, daß manche einer gründlichen Erforschung der Wahrheit überdrüssig blindlings sich irgendeiner Meinung unterwerfen, anstatt mit unverdrossenem Fleiß bei der Forschung zu verharren. Dar-

---

8 Caecilius ist sich also bewusst, dass beide seiner Freunde, sowohl Octavius (gegen den er nun zu streiten beginnt) als auch Marcus Minucius Felix (der eingesetzte Schiedsrichter) überzeugte Christen sind und will dennoch gegen das Christentum disputieren. Er ermahnt vorab den Schiedsrichter unparteiisch zu bleiben.

9 Das ist der Skeptizismus oder vielmehr Probabilismus der Neueren Akademie, welche Cicero De nat. deor. I 12 näher beschreibt.

um muß man sich allgemein entrüsten und ärgern, daß manche und dazu noch Leute ohne viel Studium, ohne wissenschaftliche Bildung[10], ja unerfahren selbst in den gewöhnlichsten Gewerben, etwas Bestimmtes über das gewaltige Weltall auszusprechen wagen. Und doch ist darüber seit so vielen, ja allen Jahrhunderten die Philosophie in ihren meisten Schulrichtungen im Unklaren. Ganz natürlich; denn so weit ist unsere menschliche Beschränktheit von der Erkenntnis des Göttlichen entfernt, daß uns weder das, was über uns am Himmel schwebt, noch was tief unter der Erde verborgen liegt, zu wissen vergönnt oder zu untersuchen gestattet ist. Wir dürfen uns mit Recht mehr als glücklich und weise dünken, wenn wir nach dem bekannten alten Weisheitsspruch[11] uns selbst ein wenig besser kennen lernen. Aber weil wir nun einmal in wahnwitzigem und sinnlosem Bemühen über die Grenzen unserer Beschränktheit hinausschweifen und, wiewohl in den Erdenstaub gebannt, selbst den Himmel und die Sternenwelt mit keckem Verlangen übersteigen, so wollen wir wenigstens zu dieser Verirrung nicht noch törichte und grausige Vorstellungen fügen. Angenommen, von Anbeginn haben die Keime aller Dinge durch Selbstbefruchtung der Natur sich zusammengefunden, welcher Gott ist dann der Schöpfer? Oder

---

10 Schon Petrus und Johannes erweckten das Staunen des jüdischen Hohen Rates, der doch wusste, „dass sie ungelehrte Leute und Laien seien" (Apg 4,13). Gerade beim niederen Volk fand das Christentum zuerst am meisten Verbreitung, wenn es auch sehr früh in die höchsten Kreise drang.

11 „Erkenne dich selbst" stand über dem Tempel zu Delphi geschrieben und wurde durch die Philosophie des Sokrates Praxis.

wenn etwa die Teile des Weltganzen durch zufälliges Zusammenkommen aneinandergefügt, geordnet und gestaltet wurden,[12] welcher Gott ist dann der Baumeister?

Vielleicht hat das Feuer die Gestirne in Brand gesetzt, hat der eigene Stoff den Luftraum in die Höhe gehoben und die Erde durch sein Gewicht in die Tiefe gezogen; vielleicht ist das Meer aus dem flüssigen Element zusammengeflossen. Aber woher dann diese religiöse Scheu, woher diese Angst? Was ist's mit diesem Aberglauben? Der Mensch und jedes lebende Wesen, welches entsteht, Leben empfängt und heranwächst, ist gleichsam eine bewußte Zusammensetzung von Grundstoffen; in sie wird der Mensch und jedes lebende Wesen wieder zerteilt, aufgelöst und zerstreut. So strömen sie zu ihrer Quelle zurück und alles macht einen Kreislauf in sich selbst; man braucht da keinen Künstler, keinen Richter und keinen Schöpfer. So sehen wir durch Verdichtung der Feueratome immer wieder neue Sonnen erstrahlen, durch die Ausdünstung der Erddämpfe immer wieder Nebel aufsteigen, welche verdichtet und zusammengeballt als Wolken sich höher emporheben.

---

12 Diese Theorie der Atomisten ist durch Leukipp von Abdera (5. Jh. v. Chr.) erfunden, durch Demokrit und Epikur weiter entwickelt und durch Lucrez (De natura rerum) besungen worden. Nach ihr gab es zu Anfang zwei Dinge: das unendliche Chaos und die Atome (unteilbare Körperchen). Diese Atome hätten sich durch Zufall infolge von Bewegung zu den verschiedenen Körperwesen zusammengesetzt. Nach Epikur ist „Natur" soviel wie „blinde Kraft". Diese mechanische Weltanschauung erklärt weder den Ursprung der Atome noch des Lebens. Ovid (Metamorph. I 21ff) übernimmt diese Theorie, nimmer aber einen Gott als Ordner an.

Wenn sie sich senken, strömt Regen herab, bläst der Wind, rauscht der Hagel oder, wenn die Dunstmassen zusammenstoßen, rollt der Donner, leuchtet der Blitz, zucken die Blitzstrahlen; sie fahren überall nieder, schlagen in Berge, treffen Bäume, treffen ohne Wahl heilige und unheilige Stätten, töten schuldbeladene und oft auch gottesfürchtige Menschen. Was soll ich erst sagen zu den wechselvollen und unsteten Stürmen, durch die ohne Ordnung und Plan alles ungestüm herumgeworfen wird?

Erleiden nicht bei Schiffbrüchen Gute und Böse in gleicher Weise ihr Schicksal ohne Rücksicht auf ihren Verdienst; finden nicht bei Bränden Unschuldige und Schuldige gleichzeitig ihren Untergang, und wenn die Luft mit verderblichem Krankheitsstoff geschwängert ist, gehen da nicht alle ohne Unterschied zugrunde? Wenn endlich die Kriegsfackel wütet, erliegen da nicht gerade die Besten? Auch in Friedenszeiten stehen die Bösen nicht bloß den Guten gleich, sondern sind sogar geehrt; bei vielen weiß man nicht, ob man ihre Schlechtigkeit verabscheuen oder ihr Glück sich wünschen soll. Wenn die Welt durch eine göttliche Vorsehung und durch eine göttliche Macht regiert würde, so würde einem Phalaris[13] und einem Dionysius[14] niemals ein Königtum,

---

13 Tyrann von Agrigent (um 550 v. Chr.) war berüchtigt für seine Grausamkeiten. Er warf seine Opfer in einen glühenden ehernen Stier. Ihr Schmerzensschrei glich dort dem Gebrüll eines Stieres.
14 Dionysius d. Ältere, Tyrann v. Syrakus, gest. 367 v. Chr., gilt als Typus eines argwöhnischen, grausamen und gottlosen Tyrannen.

einem Rutilius[15] und Camillus[16] nie die Verbannung, einem Sokrates[17] nie der Giftbecher zuteil werden. Sieh nur, die fruchtbeladenen Bäume, die bereits gebleichten Saaten und die vollsaftigen Reben werden vom Regen verdorben, vom Hagel zerschlagen! So sehr ist es wahr, daß uns die Wahrheit verschleiert und vorenthalten wird, so daß wir sie nicht fassen können; glaubhafter freilich ist: es herrscht in wechselnden und schwankenden Zufällen ohne Gesetzmäßigkeit das Schicksal.

VI.

Es ist also entweder der Zufall gewiß oder das Naturprinzip ungewiß. Um wieviel pietätvoller und besser ist es dann,[18] die Lehre der Ahnen als Richtschnur der Wahrheit anzunehmen, die überlieferte Religion zu üben, die Götter anzubeten, welche dich die Eltern eher fürchten, als näher kennen gelehrt haben, und nicht über die Götter abzuurteilen, sondern den Vorfahren zu glauben. Sie haben in der noch urwüchsigen Zeit, als die Welt eben entstand, das Glück genossen, Götter als

---

15 P. Rutilius Rufus, Konsul 105 v. Chr., berühmt durch seine Unbescholtenheit. Als Legat des Prokonsuls C. Mucius Scaevola in Asien wollte er diese Provinz gegen die Räubereien der Zollbeamten schützen. Diese verklagten ihn und er musste 92 v. Chr. ins Exil.

16 M. Furius Camillus, der Diktator, welcher Veji eroberte und die Gallier schlug, zog sich den Volkshass zu und musste nach Ardea in die Verbannung gehen.

17 Der bekannte griechische Weise und Philosoph (469-399 v. Chr.)

18 Derselbe Skeptiker, der eben die Götter geleugnet, will doch die römische Religion als Staatseinrichtung achten.

Freunde oder als Herrscher[19] zu besitzen. So sehen wir denn auch in allen Reichen, Provinzen und Städten besondere volkstümliche Religionsgebräuche in Übung und Lokalgottheiten verehrt, Eleusis die Ceres[20], bei den Phrygiern die Göttermutter[21], bei den Epidauriern den Äskulap[22], bei den Chaldäern den Bel[23], bei den Syrern die Astarte[24], bei den Tauriern die Diana[25], bei den Galliern den Mercur[26], bei den Römern alle Gottheiten insgesamt. Wenn ihre gewaltige Macht den ganzen Erdkreis in Besitz genommen und das beherrschte Gebiet über die Sonnenbahn und selbst über die Grenzen des Weltmeeres hinaus ausgedehnt hat, so kommt das daher: sie vereinen im Kampf Tapferkeit und Gottesfurcht; sie schirmen ihre Stadt mit Kultzeremonien, durch keusche Jungfrauen[27], durch Priester mit Würden und verschiedenen Ehrentiteln; sie verehren belagert und mit Aus-

---

19 So galt Saturn als König von Italien.

20 Man denke an die Mysterien von Eleusis.

21 Cybele. Auch die Gnostiker zur Zeit der frühen Christen kannten eine Göttermutter: Ennoia, die sie auch Charis und Sige nennen. Sodann Zoe, Sophia, und die Enthymesis, die sie auch Achamoth nennen (Irenäus, *Gegen die Häresien*, Erstes Buch, 1.Kapitel).

22 Gott der Heilkunde.

23 Bel war ein Hauptgott von Babylon (Jes 46,1). Daniel kämpft gegen Bel im alttestamentlichen Buch „Bel kai Drakon" (Bel und Drache), das die Juden und frühen Christen lasen und kannten.

24 Hauptgöttin von Tyrus, der Aphrodite oder Venus gleichgestellt.

25 Ihr sollte Iphigenie nach der Sage geopfert werden [XXV; XXX].

26 Handels- und Kriegsgott, dem die Gallier Menschenopfer darbrachten [XXX].

27 Die Vestalinnen, die Hüterinnen des heiligen Feuers, vgl. [XXV].

nahme des Kapitols in Gewalt der Feinde[28] noch Götter,
welche ein anderer schon längst wegen ihrer ungnädi-
gen Gesinnung verschmäht hätte und dringen mitten
durch die Reihen der Gallier, die ob solch kühner Aus-
übung der Religion erstaunten, hindurch ohne Waffen,
nur mit einem gottesdienstlichen Gewand ausgerüstet;
sie verehren in den Mauern der eroberten feindlichen
Stadt, während noch der siegreiche Kampf tobt, die
überwundenen Götter.[29] Überall laden sie die Götter
gastlich ein und machen sie zu den ihrigen; sie errich-
ten Altäre selbst den unbekannten Gottheiten[30] und den
Manen[31]. So haben sie, weil sie die religiösen Einrich-
tungen aller Völker übernahmen, auch ihre Reiche ge-
wonnen. In der Folgezeit ist dieser gottesfürchtige Sinn
geblieben; er wird durch die Länge der Zeit nicht ge-
schwächt, sondern gekräftigt. Das Altertum pflegte ja
den heiligen Gebräuchen und Tempeln um so mehr Hei-
ligkeit zuzuschreiben, je größeres Alter es ihnen zuge-
schrieben hat.

---

28 Im Jahr 390 v. Chr. hatten die Gallier Rom erobert und belagerten
das Kapitol. Der Priester Fabius drang durch die Feinde, um auf
dem Quirinal ein Opfer darzubringen (Liv. V 46, 3).

29 Die Römer verehrten in ihrem öffentlichen Kult viele fremde Göt-
ter. Vor der Einnahme von Veji lud der Diktator Camillus die Juno
Regina, Beschützerin der Stadt, ein, Veji zu verlassen und nach
Rom zu kommen (Liv. V 21, 1-3).

30 Siehe Apg. 17,28: Der Apostel Paulus fand in Athen einen Altar
des unbekannten Gottes. Auch in Rom schloss man alle Götter in
die Anrufungen ein.

31 Die Seelen der Verstorbenen; sie wurden göttlich verehrt. Darum
hatten auch die Gräber vielfach die Form eines Altars.

VII.

Doch unsere Vorfahren – ich möchte mir erlauben, auf einen Augenblick für meine Person zurückzutreten und so einen etwaigen Irrtum entschuldbarer machen – haben sich nicht ohne Grund auf die Beobachtung der Augurien, Befragen der Eingeweide, Anordnungen religiöser Einrichtungen oder Einweihung von Tempeln verlegt. Prüfe nur die Geschichte, wie sie in den Büchern enthalten ist, und du wirst sofort finden, wie sie die heiligen Gebräuche aller Religionen eingeführt haben; es sollte damit entweder für göttliche Huld Dank abgestattet oder drohender Zorn abgewandt oder ein solcher, wenn er bereits anschwoll und wütete, beschwichtigt werden. Das bezeugt die Mutter vom Ida, welche bei ihrer Ankunft der Römerin ihre Keuschheit bestätigt und die Stadt von Feindeshand befreit hat.[32] Zeugen sind die im Teich, so wie sich gezeigt, aufgestellten Statuen des berittenen Bruderpaares[33], welches atemlos auf schäumenden und dampfenden Rossen noch am gleichen Tag

---

32 Die Göttermutter vom Berg Ida (Phrygien) ist Cybele. 200 v. Chr. während des zweiten punischen Krieges verkündigten die Sibyllischen Bücher, dass der Feind (Hannibal), der in Italien eingefallen war, nur besiegt werden könne, wenn man den schwarzen Stein, der im Pessinunt (Phrygien) als Götterbild verehrt wurde, nach Rom bringe. Als dann das Schiff mit dem Bild der Gottheit ankam, bezeugte die Göttin der Vestalin Quinta Claudia, deren Tugendhaftigkeit angezweifelt worden war, ihre Unschuld (Liv. XXIX 10.7; Ovid, Fast. 4, 260-332; Augustin., De civit. Dei 10,16).

33 Castor und Pollux. Sie erschienen nach der Sage am Teiche der Juturna (einer Quellgottheit) auf dem Forum 168 v. Chr. nach dem Sieg über den König der Mazedonier bei Pydna.

den Sieg über Perseus gemeldet hat. Zeuge ist die Wiederholung der Spiele zu Ehren des erzürnten Jupiter auf den Traum des Plebejers hin.[34] Ebenso zeugt dafür die wirksame religiöse Hinopferung der Decier[35]; Zeuge ist auch Curtius[36], welcher durch die Körpermasse von Roß und Reiter oder durch die Ehrenspende[37] die tiefe Erdspalte ausfüllte. Öfter sogar, als wir wollten, haben verschmähte Auspizien der Götter Gegenwart erwiesen. So ist Allia[38] ein Unglücksname geworden, so erlebten Claudius und Junius statt einer Schlacht gegen die Punier einen mörderischen Schiffbruch. Um den Trasimenersee durch Römerblut zu schwellen und zu färben, verachtete Flaminius[39] die Augurien und um von den Par-

---

34 Auf den Traum des Plebejers Titus Latinus hin wurden im Jahre 491 v. Chr. die Spiele wiederholt.

35 P. Decius Mus weihte sich den unterirdischen Göttern in der Schlacht gegen die Latinier am Fuß des Vesuvs (339 v. Chr.). Sein Sohn opferte sich in der Schlacht von Sentinum gegen die Samniten (295 v. Chr.).

36 Im Jahr 362 v. Chr. bildete sich plötzlich ein breiter Graben mitten im Forum. Das Orakel verkündete, dass sich jemand opfern müsse. Der junge M. Curtius stürzte sich mit seinem Ross in den Abgrund und der Schlund schloss sich sofort (Lacus Curtius); vgl. Liv. VII 6.

37 Vgl. Archiv f. Lat. Lexikogr. XIV 126 ff. Statt „Ehrenspende" (honore), nämlich Früchte in großer Menge. Nach Halm und Waltzing könnte auch übersetzt werden „Ruhmestat" (vgl. Dombart).

38 An diesem Flüsschen, 15 km von Rom, wurden die Römern durch die Gallier geschlagen 390 v. Chr.; vgl. Vergil. Aen. 7, 717.

39 Flaminius wurde 217 v. Chr. von Hannibal geschlagen und getötet. Er hatte Rom trotz ungünstiger Auspizien verlassen.

thern die Feldzeichen zurückfordern zu müssen, verdiente und verspottete Crassus[40] die Unheilsdrohungen.

Ich übergehe die vielen Beispiele aus alter Zeit und schweige über die Lieder der Dichter auf die Geburtsfeste, Gaben und Geschenke der Götter, eile auch weg über die Weissagungen der Orakel; sonst könnte euch das Altertum als allzu fabelreich erscheinen. Aber schaue nur auf die Tempel und Heiligtümer der Götter, welche die Stadt Rom schützen und schmücken: sie sind mehr noch erhaben durch die Gottheiten, welche dort wohnen und gegenwärtig sind, als reich an äußerem Schmuck, Zierraten und Weihegeschenken. Daher erhalten dort die Seher, von der Gottheit erfüllt und durchdrungen, Aufschluß über die Zukunft, bieten Vorsichtsmaßregeln für die Gefahren, Heilmittel für die Krankheiten, Hoffnung für die Bedrängten, Hilfe für die Unglücklichen, Trost für Leiden, Erleichterung in Mühseligkeiten. Sogar während der Nachtruhe sehen, hören, erkennen wir die Götter, welche wir am Tage gottlos leugnen, verschmähen und meineidig zu Zeugen anrufen.

VIII.

Unter allen Völkern herrscht also eine feste Übereinstimmung über das Dasein unsterblicher Götter, mag auch ihr Wesen oder ihr Ursprung noch so ungewiß

---

40 Crassus der Triumvir wurde 53 v. Chr. bei Karrhä von den Parthern besiegt. Erst im Jahr 20 v. Chr. wurden die erbeuteten römischen Feldzeichen durch den König Phraates dem Augustus zurück gegeben.

sein. Daher kann ich es nicht billigen, wenn jemand mit so großer Vermessenheit und so gottloser Aufgeklärtheit auftritt, daß er diese so alte, so nützliche, so heilsame Religion aufzulösen oder zu schwächen trachtet. Mögen auch ein Theodorus von Cyrene[41] oder schon vorher Diagoras von Melos[42], welchem die Alten den Beinamen „Gottesleugner" gegeben, durch die Leugnung der Götter alle religiöse Scheu, die vorher die Menschheit beherrschte, sowie die Gottesverehrung aufgehoben haben; nie werden sie mit dieser gottlosen Lehre ihrer falschen Philosophie einen Namen und Bedeutung gewinnen. Die Athener haben einen Protagoras von Abdera[43], welcher mehr mit ruhiger Überlegung, als frivol über die Gottheit sich aussprach, aus ihrem Lande verbannt und seine Schriften in der Volksversammlung verbrannt.

Ist es da nicht sehr zu bedauern, wenn Leute – ihr werdet entschuldigen, wenn ich im Eifer für die übernommene Sache meinen Gefühlen freien Lauf lasse – ich sage Leute einer bejammernswerten, unerlaubten[44] und verzweifelten Gesellschaft gegen die Götter losziehen?

---

41 Er wurde aus Athen verbannt, worauf er sich nach Alexandrien begab (gest. 283 v. Chr.)

42 Lyrischer Dichter, Zeitgenosse des Sokrates, wurde ebenfalls aus Athen verbannt (415 v. Chr.), weil er sich über die Mysterien von Eleusis lustig gemacht hat.

43 Sophist, wurde noch mit siebzig Jahren wegen Atheismus von Athen ausgewiesen (gest. um 411 v. Chr.).

44 Das Christentum war damals per Gesetz im ganzen Reich verboten. Jeder Christ galt demnach als Verbrecher und durfte von jedem geächtet, verhöhnt, denunziert, ja sogar misshandelt werden.

Es sind das Leute, welche aus der untersten Hefe des Volkes[45] unwissende und leichtgläubige Weiber, die ja schon wegen der Schwäche ihres Geschlechts leicht zu gewinnen sind, sammeln und eine ruchlose Verschwörerbande bilden. Sie verbrüdert sich in nächtlichen Zusammenkünften und bei feierlichem Fasten und unmenschlichen Gelagen nicht etwa durch eine heilige Zeremonie, sondern durch ein unsühnbares Verbrechen, ein duckmäuserisches und lichtscheues Volk, stumm in der Öffentlichkeit, nur in den Winkeln gesprächig. Die Tempel verachten sie als Grabmäler,[46] die Götter verfehmen sie, über die Opfer lachen sie. Sie bemitleiden, selbst bemitleidenswert, wenn man so sagen darf, die Priester, verschmähen Ehrenstellen und Purpurkleider, obwohl sie selbst fast nicht fähig sind, ihre Blöße zu decken. Welch merkwürdige Torheit und unglaubliche Keckheit! Sie machen sich nichts aus gegenwärtigen Martern, während sie ungewisse in der Zukunft fürchten. Sie sterben auf Erden ohne Furcht, fürchten aber einen Tod nach dem Tode. So täuscht sie eine Hoffnung hinweg über die Angst und beschwichtigt sie durch den Trostblick auf ein neues Leben.

---

45 „Hefe des Volkes" war sprichwörtlich abwertend für den verkommenen Teil der Bevölkerung, den Abschaum, und findet in der Vorstellung der Gärung als Reinigungsprozess seinen Ursprung.

46 Noch Firmicus Maternus (Apologet um 345) schreibt: busta sunt haec, sacratissimi imperatores, appelanda, non templa („Dies sind Büsten, die heiligsten Kaiser, die angesprochen werden sollen, keine Tempel."); De errore prof. relic. 16, 3.

IX.

Und wie das Böse stets besonders üppig wuchert, so werden diese abscheulichen Heiligtümer[47] einer ruchlosen Gesellschaft bei der täglich zunehmenden Sittenverderbnis bereits auf der ganzen Erde immer häufiger. Gründlich ausrotten und verfluchen muß man unbedingt diese Vereinigung. Sie erkennen sich an geheimen Merkmalen und Zeichen und lieben sich gegenseitig fast, bevor sie sich kennen. Allenthalben üben sie auch unter sich sozusagen eine Art von Sinnlichkeitskult; unterschiedslos nennen sie sich Brüder und Schwestern: so wird sogar die gewöhnliche Unzucht durch diesen heiligen Namen zur Blutschande. So prahlt ihr gehalt- und sinnloser Aberglaube noch mit Schandtaten. Wenn dem keine Wahrheit zugrunde läge, würde nicht das scharfsichtige Gerücht von diesen Leuten so ruchlose Dinge erzählen, die man, ohne vorher um Entschuldigung zu bitten, gar nicht sagen darf. Höre ich doch, daß sie den Kopf eines Esels, dieses verächtlichen Tieres, weihen und ich weiß nicht in welchem Wahn verehren, ein Kult, würdig solcher Sitten und aus ihnen entsprungen.[48]

---

47 Die privaten Versammlungsräume der frühen Christen.

48 Der Vorwurf der Eselsanbetung, der übrigens schon den Juden gemacht worden war (Schürer, Geschichte des jüdischen Volkes, im Zeitalter Jesu Christi III (1898) 104. 416) wird ausführlich von Tertullian (Apolog. 16) behandelt. In den Ruinen des Palatin fand man 1856 eine Wandzeichnung (Graffito), welche einen Menschen mit Eselskopf am Kreuz darstellt; ihm naht von links eine Gestalt, die Verehrung zeigt. Darunter steht: Alexamenos betet seinen Gott an. Das Spottkruzifix stammt aus der ersten Hälfte des 3. Jh. Vgl. C. M. Kaufmann, Handbuch d. Christl. Archäologie (1905) 254 ff.

Andere erzählen, sie verehrten sogar die Genitalien ihres Vorstehers[49] und Priesters und beteten so gleichsam ihres Vaters Schöpferkraft an. Dieser Argwohn kann falsch sein, aber jedenfalls stimmt er zu ihren geheimen und nächtlichen Feiern. Wer ferner einen Menschen, der für ein Verbrechen mit der härtesten Strafe belegt wurde, sowie das todbringende Kreuzesholz als Gegenstand ihrer Verehrung anführt, schreibt ihnen Altare zu, wie sie für verlorene und verkommene Existenzen passen; sie würden verehren, was sie eigentlich verdienen. Nun gar die Geschichte von der Weihe neuer Mitglieder; sie ist ebenso abscheulich wie bekannt. Ein Kind, mit Teigmasse bedeckt, um die Arglosen zu täuschen, wird dem Einzuweihenden vorgesetzt. Dieses Kind wird von dem Neuling durch Wunden getötet, die sich dem Auge völlig entziehen; er selbst hält durch die Teighülle getäuscht die Stiche für unschädlich. Das Blut des Kindes – welch ein Gräuel –schlürfen sie gierig, seine Gliedmaßen verteilen sie mit wahrem Wetteifer.[50] Durch dieses Opfer verbrüdern sie sich, durch die Mitwissenschaft um ein solches Verbrechen verbürgen sie sich gegenseitiges Stillschweigen. Solche heilige Gebräuche sind schändlicher als jegliche Heiligtums-

---

49 Für diese Verleumdung ist M. Felix der einzige Zeuge. Sie muss wohl auf die Sitte zurückgeführt werden, dass sich die Pönitenten bei der Rekonziliation vor dem Priester auf die Erde warfen und dessen Knie umfaßten. (Bardenhewer, Gesch. d. altk. L.1 160).

50 Diese absurde Verleumdung hatte ohne Zweifel ihre Ursache in einer Missdeutung des Liebesmahles durch die Nichtchristen. Sie verstanden die Worte Jesu (Joh. 6,54) falsch. Der Rest entsprang ihrer lebhaften Phantasie und war – wieder so oft – erdichtet.

schändung. Bekannt sind auch ihre Schmausereien.[51] Alles redet davon, auch unser Cirtenser[52] zeugt dafür in seiner Erörterung. An einem festlichen Tag versammeln sie sich mit allen Kindern, Schwestern, Müttern, Leute jeglichen Geschlechts und Alters zum Schmause. Ist hierauf nach einem reichlichen Gastmahl die Tischgesellschaft erhitzt und die Glut unreiner Lust durch Trunkenheit entbrannt, so wird ein Hund, der an den Leuchter gebunden ist, durch einen vorgeworfenen Bissen gereizt. Er stürzt los und springt zum Fang über die Länge der Schnur, mit welcher er gebunden ist, hinaus. Dadurch wird das verräterische Licht umgestoßen und erlischt. Nun schlingen sie in einer der Schamlosigkeit günstigen Finsternis die Bande unsagbarer Leidenschaft, wie es gerade der Zufall fügt. So sind sie, wenn auch nicht alle durch die Tat, wenigstens durch ihr Mitwissen in gleicher Weise blutschänderisch; entspricht ja alles, was durch die Handlung des einzelnen geschehen mag, dem Wunsche der Gesamtheit.

---

51 Gemeint sind die gemeinsamen Mahlzeiten, welche die Christen αγάπαις (agapais, Liebesmahle) nannten und wo sich mitunter Falsche einschlichen. Judas schrieb: „Es haben sich nämlich etliche Menschen unbemerkt eingeschlichen, die schon längst zu diesem Gericht aufgeschrieben worden sind, Gottlose, welche die Gnade unseres Gottes in Zügellosigkeit verkehren und Gott, den einzigen Herrscher, und unseren Herrn Jesus Christus verleugnen. [..] Diese sind Schandflecken bei euren *Liebesmahlen* und *schmausen* mit euch, indem sie ohne Scheu sich selbst weiden." (Judas 1,4.12).

52 M. Cornelius Fronto, Rhetoriker, Lehrer des Kaisers Marc Aurel. Angelo Mai hat 1815 seine Schriften wieder entdeckt. Offenbar hat er eine Rede gegen die Christen gehalten und veröffentlicht.

X.

Vieles übergehe ich absichtlich. Dies allein schon ist mehr als genug und eben die Heimlichtuerei dieser verwerflichen Religion erweist all das oder so ziemlich alles als richtig. Denn warum suchen sie so angelegentlich den Gegenstand ihrer Verehrung, wie er nun beschaffen sein mag, geheimzuhalten und zu verbergen? Freut sich nicht das Gute stets der Öffentlichkeit, während das Laster sich versteckt? Weshalb sonst hätten sie keine Altäre, keine Tempel[53], keine bekannten Götterbilder; warum reden sie nicht öffentlich, versammeln sich niemals frei? Weil eben der Gegenstand ihrer Verehrung und Verheimlichung strafbar oder schändlich ist. Woher

---

53 Die frühen Christen hatten keinerlei Kirchengebäude, Tempel, Altäre oder dergleichen, sondern versammelten sich in normalen privaten Räumen (Hausgemeinden). Das war nicht nur der Jahrhunderte langen Christenverfolgung geschuldet, sondern vor allem der Lehre der Apostel, wonach Gott nicht in Tempeln wohnt, die von Händen gemacht sind (Apg 17,24), sondern die Gläubigen selbst, der Tempel sind: „Wisst ihr nicht, dass ihr Gottes Tempel seid, und dass der Geist Gottes in euch wohnt?" (1. Korinther 3,16). Petrus ermahnte die Gemeinde: „So lasst auch ihr euch nun als lebendige Steine aufbauen, als ein geistliches Haus, als ein heiliges Priestertum, um geistliche Opfer darzubringen, die Gott wohlgefällig sind durch Jesus Christus." (1. Petrus 2,5). Diese gelebte Lehre, dass im Christentum kein Tempel, der von Menschenhand gebaut ist, sein darf, ist indirekt durch die Verwirrung der Römer, weil sie keine Tempel bei den Christen sahen, belegt. Kaiser Konstantin brachte im vierten Jh n. Chr. die große Wende als er die Christenverfolgung stoppte, das Christentum staatlich anerkannte, den christlichen Bischöfen Staatslohn bezahlte und ihnen Kirchen und andere Prunkgebäude auf Staatskosten errichtete.

aber stammt und wer ist und wo ist jener einzigartige, alleinstehende, verlassene Gott, welchen keine Republik, kein Königreich, nicht einmal die Religion der Römer kennt? Nur das elende Judenvölkchen hat auch bloß einen Gott verehrt, jedoch öffentlich mit Tempeln, Altären, Opfern und Zeremonien. Aber seine Gewalt und Macht war so klein, daß er samt seinem Volk der Gefangene der Römer, also von Menschen, ist.[54]

Doch welche Ungeheuerlichkeiten und Mißgestalten schafft erst die Phantasie der Christen! Ihren Gott kann man weder zeigen noch sehen und doch soll er die Sitten, Handlungen, Worte, ja sogar die geheimen Gedanken aller genau erforschen. Er muß also bald dahin bald dorthin eilen und überall gegenwärtig sein. So machen sie aus ihm einen Plage- und Wandergeist, der zudem unverschämt neugierig ist, wenn er wirklich bei allen Handlungen zugegen sein soll und allerorts umherschweift. Und doch kann er sich weder mit den einzelnen Dingen abgeben, wenn er auf das Ganze seine Tätigkeit ausdehnt, noch dem Ganzen genügen, wenn er sich in das Einzelne verliert.

---

54 Jerusalem wurde 70 n. Chr. durch Titus zerstört. Dabei kamen nach Flavius Josephus mehr als eine Million Juden um; 97.000 wurden gefangen weggeführt. Hadrian verwandelte 135 n. Chr. den jüdischen Tempel in einen Tempel des Jupiter Capitolinus.

XI.

Doch noch mehr! Dem ganzen Erdkreis und der Welt selbst mit ihren Gestirnen drohen sie mit Verbrennung[55], sie sinnen nach über deren Zusammensturz, als ob die ewige, auf göttliche Gesetze gegründete Naturordnung zerstört oder das alle Elemente umschlingende Band zerrissen, das Himmelsgefüge gelöst werden und jener Riesenbau, welcher es zusammenhält und umgürtet, zusammenbrechen könnte. Nicht zufrieden mit diesem Wahnwitz fügen sie noch Ammenmärchen dazu und verbinden sie damit. Sie sagen, nach ihrem Tode, wenn sie bereits Asche und Staub geworden, würden sie wieder neu geboren. Diese Lügen glauben sie einander mit unfaßbarer Vertrauensseligkeit. Man könnte wahrhaftig meinen, sie seien bereits ein zweites Mal lebendig geworden. Eine zweifache Verkehrtheit und ein doppelter Unsinn, dem Himmel und den Gestirnen, welche wir so

---

55 Gemeint ist das Feuer, mit dem Gott am jüngsten Tag alles verbrennen wird, wie Jesus und Seine Apostel predigten. Zum Beispiel Petrus: „Die jetzigen Himmel aber und die Erde werden durch dasselbe Wort aufgespart und für das Feuer bewahrt bis zum Tag des Gerichts und des Verderbens der gottlosen Menschen. Dieses eine aber sollt ihr nicht übersehen, Geliebte, dass ein Tag bei dem Herrn ist wie tausend Jahre, und tausend Jahre wie ein Tag! Der Herr zögert nicht die Verheißung hinaus, wie etliche es für ein Hinauszögern halten, sondern er ist langmütig gegen uns, weil er nicht will, dass jemand verlorengehe, sondern dass jedermann Raum zur Buße habe. Es wird aber der Tag des Herrn kommen wie ein Dieb in der Nacht; dann werden die Himmel mit Krachen vergehen, die Elemente aber vor Hitze sich auflösen und die Erde und die Werke darauf verbrennen." (2. Petrus 3, 7-10)

zurücklassen, wie wir sie vorfinden, den Untergang anzukünden, andererseits uns selbst nach Tod und Vernichtung wieder ein ewiges Leben in Aussicht zu stellen, während wir doch vergehen, wie wir entstehen. Aus diesem Grunde verwünschen sie natürlich auch die Scheiterhaufen und verdammen die Feuerbestattung. Und doch wird jeder Leichnam, wenn er auch den Flammen entzogen wird, im Lauf der Jahre und durch die Länge der Zeit in Staub sich auflösen. Da ist es ganz gleichgültig, ob wilde Tiere ihn zerfleischen, das Meer ihn verschlingt, der Boden ihn deckt oder die Flammen ihn verzehren. Für die Leichen ist eben jede Bestattungsart, falls sie noch Empfindung haben, eine Marter, wenn aber die Empfindung erstorben, ist es für sie eine Wohltat, je schneller die Auflösung vor sich geht. Getäuscht durch diesen Irrwahn versprechen sie sich als den Guten nach ihrem Tode ein seliges und ewiges Leben, den übrigen künden sie als Ungerechten eine ewige Strafe an. Ich könnte darüber noch viel sagen, aber ich will mit meiner Rede zu Ende eilen. Daß sie gerade eher die Ungerechten sind, habe ich schon genügend erwiesen, ich kann mir die weitere Mühe sparen. Doch auch wenn ich sie für gerecht hielte, weiß ich: Schuld oder Unschuld werden nach der verbreitetsten Ansicht dem Schicksal zugeschrieben. Das ist auch eure Ansicht: macht ihr ja alle Handlungen, wie andere vom Schicksal, so ihr von Gott abhängig. So behauptet ihr, daß nicht freier Wille, sondern Gnadenwahl zu eurer Religionsgemeinschaft führe. Ihr nehmt also einen ungerechten Richter an, welcher an den Menschen ihr Schicksal *straft, nicht ihren Willen. Ich möchte jedoch genauer wissen, ob man mit einem Leib oder ohne Leib und mit welchem Leib, mit dem gleichen oder einem neuen aufersteht. Ohne Leib? Das ist meiner Ansicht nach weder Geist noch Seele noch Leben. Mit dem gleichen Leib? Aber der ist doch schon längst zerfallen. Mit einem andern Leib? Dann entsteht ja ein neuer Mensch und wird nicht der alte wiederhergestellt. Übrigens ist soviel Zeit hingegangen, unzählige Jahrhunderte verflossen: auch kein einziger ist von der Unterwelt wenigstens nach Art des Protesilaus[56], mit der Erlaubnis mindestens auf einige Stunden, zurückgekehrt, damit wir doch ein Beispiel für diesen Glauben hätten. All das sind Fabeln einer krankhaften Einbildungskraft und schlechte Trostgründe, von den Dichtern erfunden, um ihrer Dichtung Reiz zu verleihen. Ihr habt sie allzu leichtgläubig schimpflicher Weise für euren Gott wieder aufgewärmt.*

XII.

Nicht einmal von der Gegenwart laßt ihr euch belehren, wie trügerisch die Verheißungen und nichtig die Wünsche sind, durch welche ihr euch täuschen läßt. Urteilt doch, ihr Unseligen, nach den Erfahrungen in eurem Leben, was nach dem Tode euer Los sein wird. Seht nur! Ein Teil von euch, und zwar der größere und eurer Mei-

---

56 König von Phylake in Thrazien war der erste Grieche, welcher seinen Fuß auf das trojanische Ufer setzte, aber er wurde durch Hektor getötet. Seine Frau Laodamia erwirkte von den Göttern, dass er auf drei Stunden aus der Unterwelt zurückkehren durfte. Als Protesilaus in die Unterwelt zurückkehrte, starb sie mit ihm.

nung nach der bessere, leidet Not und friert, hungert und plagt sich ab. Euer Gott duldet das und tut, als sähe er das nicht. Er will oder kann den Seinigen nicht helfen: also ist er entweder machtlos oder ungerecht! Der du von einer Unsterblichkeit nach dem Tode träumst, merkst du noch nicht, wie es um dich steht, wenn dich eine lebensgefährliche Krankheit durchschauert, das Fieber dich durchglüht, wenn du von Schmerz geplagt wirst? Erkennst du noch nicht deine Hinfälligkeit? Wider Willen wirst du, Unglücksmensch, deiner Gebrechlichkeit überwiesen und doch willst du es nicht gestehen! Aber ich will nicht länger von allgemeinen Tatsachen reden. Doch seht! Euch treffen drohende Erlasse, Hinrichtungen, Folter und Kreuze[57] – aber nicht um sie anzubeten sondern um sie zu besteigen – auch Feuersgluten, wie ihr es vorausverkündet und fürchtet.[58]

Wo ist da jener Gott, welcher den Wiederauflebenden helfen kann, aber nicht den Lebenden? Herrschen und regieren nicht die Römer ohne euren Gott, sind sie nicht ohne ihn im Genusse des ganzen Erdkreises und auch eure Gebieter? Ihr dagegen seid stets in Sorge und Angst und enthaltet euch der ehrbaren Vergnügungen. Ihr besucht keine Schauspiele, nehmt an den öffentli-

---

57 Die brutale Christenverfolgung war damals noch im gesamten Römischen Reich allgegenwärtig. Christ zu sein wurde mit grausamen Foltern und Hinrichtungen bestraft, meist in aller Öffentlichkeit zur Belustigung und Abschreckung des Volkes.

58 Die Christen verkündeten und fürchteten das Höllenfeuer wie es der Herr Jesus und Seine Apostel prophezeiten und lehrten. Die Römer verspotteten die Christen, indem sie lebend verbrannten.

chen Prozessionen nicht teil;[59] die öffentlichen Gastmähler und die heiligen Spiele finden ohne euch statt.[60] Ihr verschmäht die Speisen, welche den Göttern geopfert und die Getränke, welche auf ihren Altären geweiht wurden.[61] Demnach fürchtet ihr doch die Götter, die ihr leugnet! Ihr bekränzt nicht mit Blumen euer Haupt, gönnt dem Leib keine Wohlgerüche. Ihr spart die Salben auf für die Leichname, versagt aber dafür den Gräbern die Blumenkränze, ihr schlotternden Bleichgesichter, würdig des Mitleids – aber unserer Götter. So ersteht ihr Armen weder nach dem Tode, noch lebt ihr vor demselben. Wenn ihr also noch ein bißchen Klugheit oder Ehrgefühl habt, so höret auf, Himmelszonen, der Welten Schicksal und Geheimnisse zu ergründen. Es soll euch genügen, das zu erkennen, was euch sozusagen vor den Füßen liegt, zumal für Leute ohne Gelehrsamkeit und Bildung, ohne Erziehung und Lebensart, die nichts von politischen Dingen verstehen, um wieviel weniger göttliche Dinge erörtern können.

---

59 Bei den römischen Prozessionen wurden Götterbilder herumgetragen anläßlich von religiösen Festen, Spielen und Leichenbegängnissen. In den Augen der frühen Christen war die Teilnahme daran bereits Götzendienst und also verboten.

60 Auch bei den Gastmählern und Spielen (meist zu Ehren des Kaisers, der ebenfalls als Gott verehrt werden musste) fand Götzendienst und Unzucht statt. Dem blieben die frühen Christen fern.

61 Bei den Opfern wurde ein Teil des Opferfleisches den Göttern geopfert, ähnlicher weise etwas Wein und Milch über die Kannen auf dem Altar ausgegossen; der Rest wurde von den Anwesenden genossen. Christen ist der Genuss von Götzenopferfleisch und dergleichen streng verboten (Apostelkonzil in Jerusalem, Apg. 15).

XIII.

Wenn jemand indes eine Neigung zum Philosophieren hat, so möge jeder von euch, der sich dazu berufen fühlt, den Fürsten der Philosophie, Sokrates, nach Kräften nachahmen. Seine Antwort auf Fragen über himmlische Dinge ist bekannt: „Was über uns ist, ist nicht für uns". Mit Recht ist ihm deshalb vom Orakel das Zeugnis hervorragender Weisheit zuteil geworden.[62] Was das Orakel, das hat er selbst gut eingesehen. Er wurde nämlich allen vorgezogen, nicht weil er alles wußte, sondern weil er erkannt hatte, daß er nichts wisse. So liegt im Eingeständnis der Unwissenheit die höchste Weisheit. Aus dieser Quelle entsprang der sicher gehende Zweifel eines Arkesilaos[63] und viel später eines Karneades und der meisten Akademiker in den höchsten Fragen. Das ist eine Richtung, nach welcher Ungelehrte ohne Gefahr und Gelehrte ruhmvoll philosophieren können. Ferner,

---

62 Das Orakel von Delphi gab die Antwort: „Weise ist Sophokles, weiser Euripides, von allen der weiseste Sokrates."

63 Die Akademische Schule wurde durch Platon, einem Schüler des Sokrates, gegründet. Sie hat ihren Namen von den Gärten der Akademie, einem Hain von Oliven und Platanen im NW von Athen, wo Platon gelehrt hat. Man unterscheidet drei Phasen in der Geschichte der Akademie: 1) Die alte Akademie (Platon, Speusipp), 2) die mittlere (Arkesilaos im dritten Jh. v. Chr.), 3) die neue (Karneades im zweiten Jh. v. Chr.). Untreu den Überlieferungen von Sokrates und Platon, für welche der Zweifel der Anfang und nicht das Ende der Wissenschaft war, behauptete Arkesilaos, dass der Mensch nicht zur Gewissheit kommen kann und deshalb im Zweifel bleiben muß. Karneades lehrte, dass wir zur Wahrscheinlichkeit kommen können. Pyrrhon, Haupt der skeptischen Schule, meinte, es müsse uns alles gleichgültig sein.

verdient nicht das zögernde Verfahren des Lyrikers Simonides die Bewunderung und Nachahmung aller? Dieser Simonides wurde vom Tyrannen Hiero nach seiner Ansicht über Wesen und Eigenschaften der Götter gefragt. Da erbat er sich zuerst einen Tag Bedenkzeit, dann ließ er die Frist noch um zwei Tage verlängern, hierauf fügte er gemahnt noch eben soviel hinzu. Der Tyrann fragte nach der Ursache solchen Zauderns. Er antwortete, je langsamer er bei der Untersuchung zu Werke gehe, desto mehr verschleiere sich ihm die Wahrheit.

Das ist auch meine Ansicht. Man muß zweifelhafte Dinge lassen, wie sie sind, und nicht kühn und keck sich für das eine oder andere entscheiden, während doch so viele große Männer über Zweifel nicht hinauskommen. Sonst greift entweder ein Altweiberglaube Platz oder wird jede Religiosität untergraben. "

Intermezzo

XIV.

Also sprach Caecilius und mit einem triumphierenden Lächeln – der ungestüme Redefluß hatte seiner überschäumenden Entrüstung Luft gemacht – sagte er:

„Nun, wagt hierauf Octavius, der Mann von der Sippe des Plautus, unter den Mühlknechten zwar der Erste, aber unter den Philosophen der Letzte,[64] eine Entgegnung?"

---

64 Eine schwierige, vielbehandelte Stelle; vgl. M. Schanz III272f. F. X. Burger, Minucius Felix und Seneca S. 12; Kommentar in Waltzings Ausgabe von 1909. Elter wollte das pistorum (= Mühlknechte) in istorum verändern (57ff.) ohne ausreichenden Grund. Waltzing und Rauschen behalten mit Recht die schwierige Lesart bei. Es soll in dieser Stelle ein herber Spott liegen (XIV), deswegen folgt ja auch sofort die Zurechtweisung vom Schiedsrichter im nächsten Satz. Zur Erklärung sei bemerkt: Plautus, der bekannte römische Dichter, war in seiner Jugend ein Mühlknecht. Die Bäcker und Müller aber vertreten die niederste Klasse der Bevölkerung nach der Meinung der damaligen Römer. Nun aber setzte sich der größte Teil der Christen aus der niederen Bevölkerung zusammen [V]. Da sei es, will Caecilius sagen, für einen Advokaten leicht, in dieser Gesellschaft der Erste zu sein. Zugleich liegt in der Redeweise „von der Sippe des Plautus" eine Anspielung auf die philosophische Richtung des Christen Octavius als Kynikers (s. Elter S. 57 f.). „Plautus" bezeichnet nämlich eine bestimmte Gattung von Hunden mit herabhängenden Ohren. Auch war der Ausdruck „Hundeberedsamkeit" sprichwörtlich für eine geifernde Redeweise, wie sie den Christen nachgesagt wurde [VIII].

Da fiel ich ein:

„Unterlaß es, gegen ihn zu höhnen; es würde gegen die kunstgerechte Form deiner Rede verstoßen, wolltest du eher triumphieren, bevor beide Teile gründlich sich ausgesprochen haben. Zudem wollt ihr ja mit eurem Streit nicht Ruhm, sondern die Wahrheit erstreben. Wohl hat mich deine Rede in ihrer wohlberechneten Abwechslung außerordentlich ergötzt; aber nicht bloß bei dem gegenwärtigen Streitfall, sondern überhaupt bei Disputationen jeder Art macht auf mich einen tieferen Eindruck die Tatsache, daß die augenscheinlichste Wahrheit je nach den Kräften der Redner und der Gewalt ihrer Beredsamkeit in ganz verändertem Lichte erscheint. Bekanntlich liegt der Grund dieser Erscheinung in einer Schwäche der Zuhörer. Sie stimmen, durch den verführerischen Zauber der Worte vom Inhalt der Sache abgelenkt, urteilslos allem Gesagten zu und unterscheiden das Falsche nicht vom Wahren. Sie bedenken eben nicht, daß auch beim Unglaublichen Wahrheit und beim wahrscheinlich Klingenden Lüge sein kann. Je öfter sie nun den Behauptungen glauben, desto häufiger werden sie von den Verständigeren des Irrtums überführt. Wenn sie sich nun oft durch ihre Leichtgläubigkeit getäuscht sehen, so klagen sie über die Unsicherheit der Wahrheit, anstatt die Schuld bei ihrem eigenen Urteil zu suchen. Die Folge ist, daß sie alles verwerfen und lieber alles in Schwebe lassen, als über trügerische Dinge ein Urteil abzugeben. Darum müssen wir uns vorsehen, daß wir nicht in gleicher Weise von einem

Widerwillen gegen alle Erörterungen erfüllt werden, wie viele allzu arglose Menschen sich zu Verwünschungen und zum Haß gegen ihre Mitmenschen hinreißen lassen. Denn zu leichtgläubig werden sie von Leuten hintergangen, welche sie für gut gehalten haben. Darnach fassen sie – wieder eine Verkehrtheit – gegen alle Welt Mißtrauen und scheuen als unredlich auch Leute, welche sie ruhig für ganz wacker ansehen konnten. So laßt uns auf der Hut sein, da jede Sache eine doppelte Darstellungsweise zuläßt und da sehr oft die Wahrheit in unscheinbarem Gewande sich einer außerordentlichen Geriebenheit gegenübergestellt sieht, welche mitunter durch den Wortschwall die Glaubwürdigkeit eines unwiderleglichen Beweises erweckt. Darum wollen wir sorgfältig Punkt für Punkt erwägen, die gewandte Darstellung loben, das Richtige aber auslesen, anerkennen und gutheißen."

XV.

Da sprach Caecilius:

„Du verläßt den Standpunkt eines gewissenhaften Schiedsrichters. Es ist eine schreiende Ungerechtigkeit, daß du die Kraft meines Vortrags durch eine höchst bedeutungsvolle Zwischenrede abschwächst, und doch sollte Octavius alles, wenn es ihm möglich ist, ungeschmälert und unverkürzt widerlegen."

Ich entgegnete:

„Meine Worte, über welche du mir Vorwürfe machst, sind im gemeinsamen Interesse gesprochen, wenn ich mich nicht irre; wir wollen nämlich in gewissenhafter Prüfung unser Urteil nicht nach rednerischem Wortschwall, sondern nach dem Wert der Dinge selbst abwägen. Doch nicht länger soll die Aufmerksamkeit abgelenkt werden, worüber du klagst; in aller Ruhe können wir nun die Antwort unseres ungeduldig harrenden Januarius[65] anhören."

---

65 Beiname des Octavius

Rede des Octavius

XVI.

Jetzt begann Octavius:

„Gewiß, ich will sprechen, so gut es in meinen Kräften steht, und du mußt mir beistehen, daß wir den Unrat bitterer Schmähungen durch den Fluß wahrheitsgemäßer Worte hinwegspülen. Ich will von vornherein nicht verhehlen, daß die Anschauungen meines Freundes Natalis[66] unstet, ruhe- und haltlos hin- und herschwankten, derart, daß wir tatsächlich im Zweifel sind, ob sie durch Verschmitztheit in Verwirrung geraten oder aus Versehen ins Wanken gekommen sind. Denn abwechslungsweise bekannte er sich bald zum Glauben an die Götter, bald bezweifelte er ihre Existenz. Wenn die Anordnung meiner Gegenrede also auf seine unsicheren Aufstellungen sich gründen würde, würde sie sich noch unsicherer gestalten. Doch bei meinem Natalis kann ich Arglist nicht annehmen und nicht glauben. Durchtriebene Sophisterei liegt seinem geraden Wesen ferne. Wie steht es aber dann? Mancher, der die rechte Straße nicht kennt, bleibt an einem Scheideweg ängstlich stehen, weil er eben den Weg nicht kennt, und er wagt weder den einen zu wählen, noch kann er alle für richtig halten. So schwanken die Ansichten eines Menschen, der keinen sicheren

---

66 Beiname des Caecilius. Man beachte, dass der Ton der Rede bei Octavius ein ganz anderer ist, als bei Caecilius.

Prüfstein für die Wahrheit hat, hin und her, je nachdem eine zweifelhafte Hypothese auftaucht. Deshalb ist es kein Wunder, wenn Caecilius auch so in Gegensätzen und Widersprüchen sich bewegt, darin auf- und ab wogt und schwankt. Damit dies nicht auch in Zukunft geschehe, will ich all die verschiedenen Behauptungen durch die eine unumstößliche und erprobte Wahrheit gründlich widerlegen. Dann braucht er fürderhin nicht mehr zu zweifeln und zu schwanken.

Mein Bruder hat Verstimmung und Unwillen, Entrüstung und Schmerz darüber laut werden lassen, daß ungebildete, arme, unerfahrene Leute über himmlische Dinge reden. Er möge jedoch wissen, daß alle Menschen ohne Unterschied des Alters, Geschlechtes, Ranges als mit Vernunft und Bewußtsein begabt[67] und dafür fähig erschaffen wurden; sie haben die Weisheit nicht durch ein gutes Geschick errungen, sondern von Natur aus mitbekommen. Ja auch die Philosophen oder andere, die als Erfinder in der Wissenschaft sich ein Andenken bei der Nachwelt bewahrt haben, galten für Plebejer[68], für ungelehrt und bettelarm, ehe sie sich durch ihre Findigkeit einen berühmten Namen erwar-

---

67 Mit auffallend ähnlicher Formulierung beginnt die UNO ihre wohl berühmteste Resolution: „Alle Menschen sind frei und gleich an Würde und Rechten geboren. Sie sind mit Vernunft und Gewissen begabt und sollen einander im Geiste der Brüderlichkeit begegnen.", *Artikel 1, Allgemeine Erklärung der Menschenrechte, Resolution 217 A (III) der Generalversammlung vom 10. Dez. 1948.*

68 Damit wurde im römischen Reich die gemeine Volksmenge bezeichnet, die nicht den Patriziern (Adelige) angehörte.

ben. Noch mehr, während die Reichen in ihre Reichtümer verstrickt ein größeres Augenmerk auf das Gold zu richten pflegen, als auf den Himmel, haben unsere armen Glaubensgenossen die Weisheit ausgedacht und andern darin Unterricht gegeben. Daraus folgt, daß das Talent nicht durch Geld und nicht durch Studien errungen wird, sondern zugleich mit der Erschaffung des Geistes gegeben ist. Man braucht sich also gar nicht aufzuregen und zu entrüsten, wenn ein gewöhnlicher Mensch über göttliche Dinge forscht, sich darüber eine Ansicht bildet und sie auch zum Ausdruck bringt. Es kommt eben nicht so sehr auf die angesehene Stellung des Sprechers, als auf die Richtigkeit des Gesprochenen an. Ja es ist sogar der Sinn desto klarer, je schmuckloser die Ausdrucksweise ist; so ist er nämlich nicht durch den Aufputz wohltönender Phrasen geschminkt, sondern bleibt durch die Richtschnur der Wahrheit in seiner Einfachheit erhalten.

XVII.

Ich habe nun nichts dagegen, wenn Caecilius vorzugsweise den Nachweis versucht hat, daß der Mensch sich selbst kennen und Umschau halten solle nach seinem Wesen, seinem Ursprung und seiner Bestimmung: ob er ein Gebilde aus den Grundstoffen oder ein Atomengefüge oder vielmehr von Gott erschaffen, gestaltet und beseelt sei. Aber eben dies können wir nicht gründlich erforschen ohne eine Untersuchung über das Weltall. Denn beide Probleme sind so unzertrennlich miteinander verknüpft und verkettet, daß man das

Wesen der Menschheit nicht erkennt, wenn man nicht auch das Wesen der Gottheit sorgfältig zu ergründen sucht, ebensowenig wie man Staatsgeschäfte gut führen kann, ohne den gesamten Staatsorganismus des Weltalls erkannt zu haben.

Wir unterscheiden uns ja ohnedies von den wilden Tieren dadurch, daß sie, weil gebückt und zur Erde geneigt, nur zum Futtersuchen bestimmt sind. Wir jedoch, mit erhobenem Antlitz, mit dem Blick zum Himmel, mit Sprache und Vernunft, durch die wir Gott erkennen, erfassen und ihm nachstreben, dürfen und können die sich unsern Augen und Sinnen aufdrängende Herrlichkeit des Himmels nicht außer acht lassen. Es käme sogar einer Entweihung des Heiligsten gleich, im Staub zu suchen, was man in der Höhe finden soll. Um so mehr scheinen mir Leute, welche glauben, dieser kunstreiche Weltenbau sei nicht nach göttlichem Plane errichtet, sondern habe sich durch beliebige planlos aneinanderklebende Brocken zusammengeballt, keinen Verstand und Sinn, ja keine Augen zu haben. Denn was kann so offenkundig, so unbestreitbar und so klar sein, wenn man die Blicke gen Himmel erhebt und alles unter und um uns prüft, als die Tatsache, daß es ein Wesen von ganz hervorragender Geisteskraft gibt, welches die ganze Natur belebt, bewegt, ernährt und regiert?

Schau nur den Himmel selbst an: wie weit dehnt er sich aus, wie rasch dreht er sich; des Nachts prangt er im Sternenglanze und am Tage wird er vom Sonnenlicht bestrahlt. Du erkennst daraus, welch wunderbares, ja göttliches Gleichgewicht der höchste Leiter in ihm wirken läßt. Sieh auch, wie der Sonnenumlauf das Jahr schafft und wie der Mond durch Zunahme, Abnahme, Verschwinden den Monat bestimmt. Was soll ich sagen von dem immer wiederkehrenden Wechsel von Finsternis und Licht, wodurch wir abwechselnd Arbeit und Ruhe haben? Eine eingehendere Erörterung über die Gestirne, wie sie den Schiffskurs bestimmen oder die Zeit für Saat und Ernte ankünden, müssen wir den Astronomen überlassen. Es sind das Dinge, von denen jedes eines höchsten Baumeisters und einer vollkommenen Vernunft nicht bloß zur Erschaffung, Entstehung und Anordnung bedurfte, sondern auch ohne die größte Kraftanstrengung des Geistes nicht einmal empfunden, durchschaut und begriffen werden kann.

Weiter! Die Jahreszeiten und die Früchte der Erde folgen einander in bestimmter Abwechslung. Bezeugt da nicht der Frühling mit seinen Blüten, der Sommer mit seinem Erntesegen und der Herbst mit seinen lieblichen reifen Früchten wie der Winter mit den nötigen Oliven ihren Schöpfer und Stifter? Wenn diese Ordnung sich nicht auf die höchste Vernunft gründete, würde sie leicht gestört. Welch weise Fürsorge bekundet es, damit nicht bloß ein beständiger Winter mit seiner eisigen Kälte erstarren mache oder bloß ein beständiger Sommer mit seiner Hitze versenge, die gemäßigte Temperatur des Herbstes und Frühlings dazwischen zu schieben; so folgen sich die Übergänge des Jahreskreislaufs unvermerkt und unschädlich auf ihrer Bahn.

Blick hin auf das Meer! Es wird begrenzt durch die Schranken des Ufers. Betrachte die verschiedenen Arten der Bäume, wie sie aus dem Schoße der Erde Leben empfangen. Schau auf den Ozean! In wechselnden Strömungen flutet er hin und zurück. Sieh die Quellen! Sie entströmen unversiegbaren Adern. Betrachte die Flüsse! Rastlos in steter Bewegung gleiten sie dahin. Was soll ich reden von der zweckmäßigen Verteilung der steilen Bergeshöhen, der wellenförmigen Hügel und der ebenen Gefilde? Was soll ich sagen von den vielgestaltigen Schutzwaffen der Tiere gegeneinander? Die einen sind mit Hörnern bewaffnet, die andern mit Zähnen beschirmt und mit Klauen versehen, mit Stacheln bewehrt oder durch die Schnelligkeit ihrer Füße oder die Schwungkraft ihrer Federn geschützt. In hervorragendem Maße bezeugt schon die Schönheit unserer eigenen Gestalt einen schöpferischen Gott: der aufrechte Gang, das erhobene Antlitz, die am höchsten Punkt wie auf einer Warte angebrachten Augen und alle andern Sinne, welche wie auf einer Burg sich zusammenfinden.

XVIII.

Es würde zu weit führen, alle Einzelheiten aufzuzählen. Am Menschen gibt es kein Glied, das nicht des Bedürfnisses oder des Schmuckes wegen vorhanden wäre. Besonders auffallend ist es, daß alle dieselbe Körperform haben und doch jeder einzelne wieder abweichende Züge. So erscheinen wir alle - einander ähnlich und sind doch tatsächlich einander unähnlich. Wie ist fer-

ner die Art und Weise unserer Entstehung? Ist nicht
der Fortpflanzungstrieb von Gott gegeben, ebenso wie
die Erscheinung, daß die Mutterbrust bei Zeitigung der
Frucht Milch gibt und der zarte Sprößling unter dem
reichen Zufluß des Milchtaus heranwächst? Doch nicht
bloß für das Ganze sorgt Gott, sondern auch für die
Teile. Britannien hat Mangel an Sonnenwärme; dafür
erhält es durch das laue Meer ringsum eine mildere
Temperatur.[69] In Ägypten mäßigt der Nilstrom die Tro-
ckenheit; Mesopotamien entschädigt der Euphrat für
die fehlenden Regengüsse. Dem Orient liefert der In-
dusfluß, sagt man, Samen und Wasser. Wenn du in ein
Haus kämest und sähest alles wohl eingerichtet, geord-
net und geschmückt, so würdest du doch sicher anneh-
men, ein Herr walte darin viel vorzüglicher als alle
jene guten Dinge. Ebenso sei versichert: auch im Hause
der Welt, in welchem du am Himmel und auf der Erde
eine weise Vorsicht, Ordnung und Gesetzmäßigkeit er-
kennst, ist ein Herr und Vater des Weltalls, der schö-
ner ist als selbst die Gestirne und alle einzelnen Teile
des Weltganzen.

Doch vielleicht meinst du, weil über die Existenz einer
Vorsehung kein Zweifel obwalten kann, erforschen zu
müssen, ob das himmlische Reich durch die Macht ei-
nes Einzigen oder durch den Willen einer Mehrheit re-
giert wird. Aber das klarzustellen ist nicht schwer; man
darf nur die irdischen Reiche überdenken, welche je-
denfalls ihr Muster im Himmel haben. Wann hat je die

---

69 Gemeint ist der warme Golfstrom, der vom Golf von Mexiko her-
überfließt.

Teilung einer Herrschaft mit Vertrauen begonnen und ohne Blut geendet? Ich will nicht reden von den Persern, welche nach dem Rossewiehern den Vorrang zuteilten[70], will schweigen von der veralteten Fabel vom Thebanerpaar.[71] Weltbekannt ist die Erzählung über die Zwillingsbrüder[72], die Herrschaft über Hirten und Hütte betreffend. Die Kämpfe zwischen Schwiegersohn und Schwiegervater[73] überfluteten den ganzen Erdkreis und das Geschick eines so großen Reiches bot nicht Raum für zwei. Sieh weiterhin: Eine Königin haben die Bienen, einen Führer die Herden, einen Leittier die Zugtiere. Du glaubst, daß im Himmel die höchste Macht geteilt ist und die Gewalt jener wahren, göttlichen Majestät gespalten ist. Aber es ist sonnenklar, daß Gott der Vater aller weder einen Anfang noch ein Ende hat. Er verleiht allen Dingen Dasein, sich selbst Unendlichkeit; er war vor der Welt sich selbst eine Welt. Er regiert durch sein Wort alles, was ist, ordnet es durch seine Vernunft und vollendet es durch seine Macht. Man kann ihn nicht sehen; er ist zu licht für das Auge. Ebensowenig kann er betastet werden, denn er ist für die Berührung zu fein; auch nicht gemessen

---

70 Die vornehmen Perser waren übereingekommen, dass derjenige, dessen Roß zuerst am Morgen wiehere, König sein sollte. Es war das von Darius, dem Sohne des Hystaspes.

71 Die beiden feindlichen Brüder Eteokles und Polyneikes. Ödipus hatte ihnen den Thron gelassen und sie sollten jedes Jahr in der Herrschaft abwechseln.

72 Romulus und Remus.

73 Cäsar und Pompeius. Letzterer hatte Julia, die Tochter des Cäsar, 59 v. Chr. nach Abschluß des ersten Triumvirats geheiratet.

werden, denn er ist über unsere Sinne erhaben, unendlich, unermeßlich und nur sich selbst in seiner ganzen Größe bekannt. Unser Herz aber ist zu beschränkt, um ihn zu begreifen und deshalb schätzen wir ihn so am besten, wenn wir ihn unschätzbar nennen. Ich möchte sprechen, wie ich denke: Wer Gottes Größe zu kennen glaubt, schmälert sie; wer sie nicht schmälern will, kennt sie nicht. Man suche auch keinen Namen für Gott: „Gott" ist sein Name. Nur da braucht man mehrere Worte, wo man die Einzelwesen in der Mehrheit durch besondere kennzeichnende Benennungen unterscheiden muß: dem Gott, welcher nur Einer ist, gehört das Wort „Gott" ganz allein an. Wenn man ihn z.B. Vater nennt, so könnte man an einen fleischlichen Vater denken; wenn König, so könnte man einen irdischen vermuten; wenn Herrn, so wird man sicherlich ein sterbliches Wesen darunter verstehen. Laß die Namenszutaten weg und du wirst ihn in seiner vollen Klarheit schauen.

Übrigens herrscht in diesem Punkt nicht allgemeine Übereinstimmung? Ich horche auf das gewöhnliche Volk. Wenn es zum Himmel seine Hände emporhebt, sagt es nichts anderes als „Gott" und „Gott ist groß" und „Gott ist wahrhaftig" und „so Gott will". Ist das die natürliche Ausdrucksweise des Volkes oder das Gebet eines gläubigen Christen?[74] Auch wer Jupiter als Ober-

---

74 Tertullian hat hierüber den berühmten Ausspruch getan (Apolog. c. 17): O testimonium animae naturaliter christianae (Oh, das Zeugnis einer natürlich christlichen Seele).

herrn anerkennt, täuscht sich im Namen, nimmt aber mit uns eine einheitliche Macht an.

XIX.

Ich höre auch die Dichter einen Vater der Götter und Menschen preisen und sagen, der Sterblichen Sinn richte sich danach, wie der Vater des Alls den Tag sende. Was sagt Maro von Mantua[75]? Spricht er nicht noch offener, treffender und wahrer: „Von Anbeginn" nährt „den Himmel und die Erde" und die übrigen Teile der Welt „der Geist von innen und bewegt sie der ihnen einwohnende Verstand. Daher haben das Geschlecht der Menschen und Tiere ihren Ursprung und alle andern Lebewesen". Der gleiche Dichter nennt an einer andern Stelle diesen Verstand und Geist „Gott". Seine Worte sind:

„Denn Gott durchdringe die Länder
Allzumal und die Strecken des Meers und die
Höhen des Himmels.
Durch ihn werde der Mensch und das Tier, auch
Regen und Feuer".

Was anderes wird auch von uns Gott genannt, als Verstand und Vernunft und Geist?

Durchgehen wir, wenn es genehm ist, die Lehre der Philosophen. Du wirst finden, daß sie zwar in der Ausdrucksweise verschieden sind, aber im Grunde sich in

---

75 Nämlich Publius Vergilius Maro in Aen. 1, 746; 6, 724-729; vgl. Georg. 4, 221-228.

dieser einen Ansicht zusammenfinden und übereinstimmen. Ich übergehe jene alten, naturwüchsigen Philosophen, welche wegen ihrer Aussprüche sich den Namen der Weisen erworben haben. Thales von Milet[76] möge als erster von allen genannt sein; er hat zu allererst über himmlische Dinge eine Untersuchung angestellt. Dieser Thales von Milet nannte das Wasser den Urstoff der Dinge, Gott aber den Geist, welcher aus Wasser alles gebildet habe, eine Theorie von Wasser und Geist, viel zu hoch und zu erhaben, um von einem Menschen erfunden zu sein; es handelt sich um eine göttliche Offenbarung. Du siehst: die Ansicht des Vaters der Philosophie steht ganz mit der unserigen im Einklang.

Anaximenes sodann und später Diogenes[77] von Apollonia erklären die Luft für eine unendliche und unermeßliche Gottheit: auch sie haben also eine ähnlich übereinstimmende Ansicht über Gott. Von Anaxagoras[78] aber wird Gott der ordnende und sich bewegende unendliche Geist genannt und des Pythagoras[79] Gott ist ein durch die gesamte Natur gehendes und ausgebreitetes geistiges Wesen, aus dem auch alle beseelten Wesen ihr Leben empfangen. Daß Xenophanes[80] das end-

---

76 Vorsokratischer Naturphilosoph und Astronom. 7. - 6. Jh. v. Chr.
77 Geb. in Milet um 548 v. Chr. Diogenes war sein Schüler.
78 Von Klazomenä, kam 460 nach Athen, der letzte große Philosoph der jonischen Schule.
79 Pythagoras von Samos (584-504) gründete in Kroton in Unteritalien die pythagoreische Schule.
80 Aus Kolophon, um 600 geboren, Stifter der Eleatischen Schule.

lose, mit Verstand begabte All für Gott erklärt, ist bekannt; ebenso die Behauptung des Antisthenes[81], es gebe zwar viele Volksgötter, aber nur einen über allem stehenden Naturgott; ebenso daß Speusippus[82] eine beseelte Kraft, die alles regiert, als Gott anerkennt. Spricht weiterhin Demokrit[83], wiewohl er der Erfinder der Atomenlehre ist, nicht sehr oft von der Gebilde hervorbringenden Naturkraft und von der Vernunft als Gottheit? Ebenso nennt Straton[84] die Naturkraft Gott. Auch der bekannte Epikurus[85], der sich die Götter entweder müßig oder nichtbestehend denkt, setzt doch die Naturkraft über sie. Aristoteles[86] wechselt in seinen Ansichten; dort bezeugt er eine einzige Gewalt: er nennt bald den Geist, bald die Welt Gott, bald setzt er einen Gott über die Welt. Ebenso bleibt sich auch Theophrastus[87] nicht gleich; er räumt bald der Welt, bald dem göttlichen Geist die erste Stelle ein. Auch Heraklides von Pontus[88] schreibt der Welt freilich in wechselndem Sinne einen göttlichen Geist zu.

---

81 Gründer der kynischen Schule, gest. um 360 v. Chr. in Athen.

82 Neffe Platons, war seit 347 v. Chr. Leiter der Akademie [XVIII].

83 Geb. zu Abdera in Thrazien, popularisierte die Atomenlehre, welche Leukipp erfunden hatte, gest. 361 v. Chr.

84 Geb. zu Lampsakus, folgte 288 v. Chr. dem Theophrast als Haupt der peripatetischen Schule.

85 Geb. 342 v. Chr. zu Athen.

86 Schüler von Platon, Gründer der peripatetischen Schule, geb. 384 v. Chr. zu Stagira in Mazedonien, gest: 322 v. Chr. zu Chalkis.

87 Der berühmteste Schüler des Aristoteles, geb. auf Lesbos 372 v. Chr. (gest. 287 v. Chr.).

88 Schüler von Platon und Aristoteles.

Zenon[89], Chrysippus und Kleanthes[90] tragen ihrerseits verschiedene Ansichten vor, aber sie kommen alle schließlich auf eine Vorsehung zurück. Kleanthes nennt bald den Naturgeist und die Naturseele, bald den Äther, sehr oft die Vernunft Gott. Sein Lehrer Zenon stellt bald das natürliche und göttliche Gesetz und den Äther, bald die Vernunft an die Spitze aller Dinge. Er gerade faßt Juno als die Luft, Jupiter als den Himmel, Neptun als das Meer, Vulcan als das Feuer und die übrigen Volksgötter in ähnlicher Weise als Elemente auf und geht so dem irrigen Volksglauben zu Leibe und widerlegt ihn. Fast das gleiche trägt Chrysippus vor. Er betrachtet die göttliche, mit Vernunft begabte Kraft, die Natur und Welt, bald auch das zwingende Verhängnis als Gott und folgt dem Zenon in der physiologischen Auslegung der Gedichte des Hesiod, Homer und Orpheus. Auch Diogenes von Babylon liebt diese Auslegung und Erklärung der Geburt des Jupiter, der Entstehung der Minerva und ähnlicher Dinge; sie seien Bezeichnungen für Weltvorgänge, nicht für Götter. Xenophon, der Schüler des Sokrates, sagte vollends, die Gestalt des wahren Gottes könne nicht wahrgenommen werden und dürfe deshalb nicht erforscht werden. Nach dem Stoiker Ariston[91] kann sie überhaupt nicht begriffen werden. Beide fühlten die Majestät Gottes, indem sie an der Möglichkeit, ihn zu erkennen, ver-

---

89 Gründer der stoischen Schule, geb. zu Kitium auf Cypern, gest. um 263 v. Chr.
90 Beide Schüler von Zenon.
91 Von Chios, um die Mitte des dritten Jahrhunderts v. Chr., Stoiker.

zweifelten. Platon[92] führt über Gott eine deutlichere Sprache in der Sache, wie in den Namen. Sie wäre ganz himmlisch, wenn sie nicht manchmal durch Beimischung des Volksglaubens entstellt wäre. In der Tat ist der Gott Platons im Timaeus schon seinem Namen nach der Erzeuger der Welt, der Bildner der Seele, der Schöpfer der himmlischen und irdischen Dinge. Freilich sei es schwer, so sagt er im Anfang, wegen seiner übergroßen, unglaublichen Macht einen Begriff für ihn zu finden, und unmöglich, sein Wesen, auch wenn man es entdeckt hat, öffentlich darzulegen.

Ungefähr das gleiche ist auch unsere Ansicht: wir kennen Gott und nennen ihn Vater aller Dinge, sprechen aber doch nicht von ihm öffentlich, außer wir werden deswegen angeklagt.

XX.

Ich habe nun die Ansichten fast aller Philosophen von größerer Bedeutung vorgetragen und gezeigt, daß sie trotz mannigfaltigster Benennungen doch nur einen Gott gekannt haben. So bekommt jeder die Meinung, entweder seien jetzt die Christen Philosophen oder die Philosophen seien schon früher Christen gewesen.

Wenn nun aber die Welt durch eine Vorsehung geleitet und durch den Wink eines Gottes regiert wird, so darf nicht das unwissende Altertum, das an seinen Märchen

---

92 Der berühmte Philosoph aus Athen (420–348 v. Chr.). Sein Dialog Timaeus ist von Cicero ins Lateinische übersetzt worden. Es wird darin vom Ursprung der Welt und Gottes gesprochen.

sich ergötzt hat oder vielmehr sich dadurch täuschen ließ, uns zu seinen irrigen Vorstellungen hinüberziehen. Denn es wird ja durch die Urteile seiner eigenen Philosophen widerlegt, denen außer der Autorität des Alters auch die der Vernunft zur Seite steht.

Unsere Vorfahren waren Lügen gegenüber so leichtgläubig, daß sie blindlings auch an andere Ungeheuerlichkeiten wahre Wunderdinge glaubten; an die vielgestaltete Scylla[93] und Chimära[94] und die aus fruchtbaren Wunden immer wieder neu hervorwachsende Hydra[95] und die Centauren, Rosse, die mit ihren Reitern verwachsen wären. Kurz, was immer die Sage zu erdichten vermag, haben sie gern gehört. Und nun gar jene Ammenmärchen, wonach aus Menschen Vögel und wilde Tiere, ja aus Menschen Bäume und Blumen geworden sein sollen! Wenn dergleichen geschehen wäre, so würde es jetzt noch geschehen; weil es aber nicht geschehen kann, deshalb ist es nicht geschehen. In gleicher Weise haben auch unsere Vorfahren über die Götter sich geirrt: unüberlegt, leichtgläubig haben sie mit naiver Einfalt ihren Glauben gebildet. Während sie ihre Könige mit heiliger Scheu verehrten, während

---

93 Scylla hatte einen Gürtel von Hundeleibern; mit Charybdis personifizierte sie die Klippen der Meerenge von Sizilien.

94 Die Chimära, halb Löwe, halb Drache, halb Geisbock, spie Feuerströme, Sinnbild des Vulkanberges Chimära in Lykien.

95 Die Hydra verheerte die Lernäischen Felder bei Argos. Sie hatte 9 (nach andern 100 Köpfe). Wenn man einen abschlug, entstanden dafür zwei neue: ein Symbol der verpestenden Ausdünstungen der Sümpfe.

sie nach deren Hinscheiden das Bedürfnis fühlten, sie in Bildern vor Augen zu haben, und das Bestreben hatten, ihr Andenken in Statuen festzuhalten, wurde später ein Gegenstand des Kultes, was ursprünglich nur als Trostmittel gedient. Endlich verehrte jedes Volk, bevor der Erdkreis dem Handel erschlossen ward und die Völker ihre Sitten und Gebräuche austauschten, seinen Stifter oder ruhmreichen Führer oder seine tugendhafte, mehr als weiblichen Mut zeigende Königin oder den Erfinder irgendeiner wohltätigen Einrichtung oder Kunst als einen Bürger von gutem Andenken. So ward den Verstorbenen eine Belohnung und den künftigen Geschlechtern ein Vorbild gegeben.

XXI.

Lies nur die Schriften der Geschichtsschreiber oder die Schriften der Philosophen und du wirst zum gleichen Urteil wie ich kommen, Euhemerus[96] führt Personen auf, welche wegen der Verdienste ihrer Tapferkeit oder Wohltätigkeit für Götter gehalten wurden. Er zählt ihren Geburtstag, ihre Heimat, ihre Grabstätte auf und weist sie in den verschiedenen Provinzen nach, so vom Diktäischen Jupiter, vom Delphischen Apollo, von der Pharischen Isis und der Eleusinischen Ceres. Prodikus[97] erklärt, es seien diejenigen zu Göt-

---

96 Von Messina, Ende des vierten Jh. v. Chr. Er erklärte die Götter für vergöttlichte Menschen. Der nach ihm benannte Euhemerismus klang in der heidnischen und christlichen Literatur lange nach.

97 Von Keos, Sophist, ein Zeitgenosse des Sokrates.

tern gemacht worden, welche auf ihren Irrfahrten[98] durch neu entdeckte Früchte sich den Menschen nützlich erwiesen haben. In derselben Richtung philosophiert auch Persaeus[99] und führt außerdem noch die aufgefundenen Früchte und die Entdecker eben dieser Früchte mit den gleichen Namen an, ähnlich wie es ein Spruch der Komödie ist, Venus verkümmere ohne Liber und Ceres.

Der bekannte Mazedonier Alexander der Große berichtete in einem berühmten Schreiben an seine Mutter,[100] aus Furcht vor seiner Macht habe ihm der Priester das Geheimnis betreffend die menschliche Natur der Götter verraten. Er macht darin Vulcan zum ersten aller Götter und an zweite Stelle setzt er das Geschlecht des Jupiter. Den Saturn als Stammvater dieses Geschlechts und Schwarms haben denn auch alle alten griechischen und römischen Schriftsteller als Menschen dargestellt. Das bezeugen Nepos[101] und Cassius[102] in ihrer

---

98 So kam Ceres oder Demeter laut der Sage auf der Suche nach ihrer Tochter Proserpina nach Attika, wo sie die Bewohner lehrte, Getreide zu pflanzen und Brot zu backen.

99 Sklave, später Schüler des Stoikers Zenon.

100 Alexander eroberte 331 v. Chr. Ägypten und besuchte dabei auch den Tempel des Jupiter Ammon, dessen Priester ihn als den Sohn eines Gottes erklärten. Von dem Brief an seine Mutter Olympias, redet auch Augustinus (De civ. Dei 8, 5). Der ägyptische Gott Ptah wurde mit dem Vulcan der Römer identifiziert. [XXVIII].

101 Cornelius Nepos, geb. um 94 v. Chr., schrieb eine Chronik oder Annalen und Biographien berühmter Männer.

102 L. Cassius Hemina, 2. Jh. v. Chr., schrieb Annalen in vier Büchern.

Geschichte; auch Thallus[103] und Diodorus[104] reden davon. Dieser Saturn hatte sich auf der Flucht von Kreta nach Italien begeben, aus Angst vor seinem wütenden Sohn. Dort ward er von Janus gastfreundlich aufgenommen. Er lehrte nun jene unwissenden und bäurischen Menschen als feingebildeter Grieche mancherlei: die Kunst des Schreibens, die Münzprägung und die Anfertigung von Werkzeugen. Sein Versteck wollte er, weil er dort sicher geborgen war, Latium genannt wissen und er hinterließ nach seinem Namen zum Gedächtnis für die Nachwelt die Stadt Saturnia ebenso wie Janus das Janiculum.[105] Jedenfalls also war es ein Mensch, welcher floh und sich ein Versteck suchte und sowohl eines Menschen Vater wie eines Menschen Sohn. Denn als Sohn der Erde oder des Himmels galt er nur deshalb, weil man bei den Italienern seinen Namen nicht kannte. Wir sagen ja auch heutigentags noch von Leuten, die uns plötzlich in die Augen kommen, sie seien vom Himmel gefallen und nennen Menschen von niedriger und unbekannter Herkunft Erdensöhne. Sein Sohn Jupiter regierte auf Kreta, nachdem er seinen Vater vertrieben, starb dort und hatte Söhne daselbst. Noch heute besucht man die Höhle des Jupiter und

---

103 Von Milet, Zeitgenosse des Augustus, schrieb eine Geschichte, welche mit der Eroberung von Troja begann.

104 Von Sizilien, geb. um 90 v. Chr., hat eine Weltgeschichte mit dem Titel „Historische Bibliothek" verfaßt.

105 Das Kapitol wurde der Saturnische Berg oder die Saturnische Stadt genannt. Das Janiculum ist einer der Hügel Roms.

zeigt sein Grab. So erweist sich sein menschlicher Ursprung schon durch die Art seiner Heiligtümer.

Es ist überflüssig, die Götter einzeln durchzugehen und ihre ganze Geschlechtsfolge zu entwickeln; es ist ja die an den Ureltern nachgewiesene Sterblichkeit schon durch die Erbschaftsordnung auf die übrigen übergegangen. Doch ihr sagt, sie seien erst nach dem Tode zu Göttern geworden, wie Romulus zu einem Gott wurde durch den falschen Eid des Proculus, und Juba Gott sei, weil es die Mauren wollten, und auch andere Könige[106] vergöttert wurden. Aber sie erhalten religiöse Verehrung nicht zur Beglaubigung ihrer Gottheit, sondern nur zum ehrenden Andenken ihrer beendeten Regierung. Kurz, man zwingt ihnen wider Willen diesen Titel auf: sie möchten gerne Menschen bleiben, fürchten sich davor, Götter zu werden[107] und wollen dies auch als Greise nicht. Also sind nicht aus Menschen Götter entstanden, weil ein Gott nicht sterben kann, noch aus Geborenen, weil alles stirbt, was geboren wird; göttlich aber ist das, was weder einen Anfang noch ein Ende hat. Warum werden denn nicht auch heute noch Götter geboren, wenn solche je geboren wurden? Aber Jupiter ist eben vielleicht altersschwach und Juno unfruchtbar geworden und Minerva ergraut, ehe sie geboren hat! Oder hörte etwa jene Zeugungskraft auf, weil derlei Märchen keinen Glauben mehr finden?

---

106 Anspielung auf den Kaiserkult. Römische Kaiser benutzten den Titel „Gottessohn".

107 Vespasian rief, als er den Tod nahen fühlte, aus: „Ach, ich fühle, dass ich ein Gott werde!"

Wenn übrigens Götter ihr Geschlecht fortpflanzen, aber nicht sterben könnten, so wäre die Zahl der Götter größer, als die der Menschen in ihrer Gesamtheit. Der Himmel könnte sie nicht aufnehmen, die Luft nicht fassen und die Erde nicht tragen. Aus all dem geht klar hervor, daß jene vermeintlichen Götter nur Menschen gewesen sind, von deren Geburt wir lesen und von deren Tod wir wissen.

XXII.

Betrachte endlich die heiligen Gebräuche und Mysterien selbst und du wirst auf traurige Todesfälle, Schicksalsschläge, Leichenbegängnisse, Trauerzeremonien und Leichenklagen bei den armseligen Göttern stoßen. Isis[108] betrauert ihren verlorenen Sohn, beklagt ihn und sucht ihn mit ihrem hundsköpfigen Begleiter und ihren kahlköpfigen Priestern und die armen Isisverehrer zerschlagen sich die Brust und machen so den Schmerz der unglücklichen Mutter nach. Wenn dann der Kleine gefunden ist, freut sich Isis, jubeln die Priester und rühmt sich der hundsköpfige Finder, und unaufhörlich verlieren sie Jahr für Jahr, was sie finden, und finden, was sie verlieren. Ist es nicht lächerlich zu betrauern, was man verehrt, oder zu verehren, was man beklagt? Und doch ist dieser ehemals ägyptische

---

108 Ägyptische Hauptgottheit, Gemahlin des Osiris oder Serapis, die allerzeugende und allernährende Natur. Sie sucht ihren Sohn Horus mit Hilfe des Anubis, eines Gottes mit Hundskopf. Der Kult der Isis und des Serapis wurde in Rom nach dem zweiten punischen Krieg (218-201 v. Chr., Rom gegen Karthago) eingeführt.

Gebrauch nun auch in Rom heimisch. Ceres sucht mit brennenden Fackeln, von Schlangen umgeben, ihre entführte und verführte Libera[109] auf Irrwegen voll Angst und Besorgnis: das sind die Mysterien von Eleusis.

Welches sind ferner die heiligen Gebräuche Jupiter betreffend? Eine Ziege ist seine Amme; dem gierigen Vater wird das Kind entzogen, um nicht verschlungen zu werden, und durch die Musik der Korybanten wird Klirren verursacht, damit der Vater das Wimmern nicht höre. Von den Didymamysterien der Cybele schämt man sich zu reden. Sie verstümmelt ihren Buhlen, der ihr unglücklicherweise gefiel, den sie jedoch, weil selbst eine häßliche Alte – sie war ja die Mutter vieler Götter – nicht verführen konnte. Natürlich, man mußte doch auch einen Verschnittenen unter den Göttern haben. Diesem Märchen zulieb verehren sie die Cybelepriester und Halbmänner durch Verunstaltung ihres eigenen Körpers. Das sind keine heiligen Gebräuche mehr, sondern Foltern.

Beweisen überdies nicht schon die Gestalten und Körperzustände eurer Götter Lächerlichkeit und Schmach? Vulcanus ist ein lahmer und gebrechlicher Gott, Apollo ist trotz seiner vielen Jahre bartlos, Äskulap dagegen hat einen stattlichen Bart, wiewohl er Sohn des ewig jungen Apollo ist. Neptun hat graugrüne, Minerva hellblaue Augen, Juno Augen von einem

---

109 Identifiziert mit Kore oder Proserpina, wurde in Sizilien von Pluto geraubt, vgl. noch Firmicus Maternus, De err. Prof. rel. c. 7.

Rind. Mercur hat geflügelte Füße, Pan Klauenfüße, Saturn gefesselte Füße. Janus gar hat zwei Stirnen, als ob er auch rückwärts gehen könnte. Diana ist bisweilen die hoch aufgeschürzte Jägerin; die von Ephesus mit vielen Brüsten und Zitzen ausgestattet,[110] Diana Trivia bietet mit ihren drei Köpfen und vielen Händen einen grauenhaften Anblick. Und erst euer Jupiter selbst! Bald ist er bartlos dargestellt, bald mit Vollbart abgebildet; unter dem Namen Hammon[111] hat er Hörner, unter dem Namen Capitolinus trägt er Blitze, als Latiaris wird er mit Blut übergossen, als Feretrius mit einem Kranz versehen. Um nicht weiter von den vielen Jupiter zu sprechen; es gibt ebenso viele ungeheuerliche Darstellungen von Jupiter wie Namen. Erigone[112] erhängte sich an einem Strick, damit eine „Jungfrau" unter den Sternen erglänze. Das Kastorsche Brüderpaar stirbt abwechselnd, um dann wieder zu leben.[113] Äskulap[114] wird vom Blitze getroffen, auf daß er zur Gottheit emporsteige. Herkules wird auf den Höhen des Öta vom Feuer verzehrt, um den Menschen abzustreifen.

---

110 Diana von Ephesus galt als Göttin der Fruchtbarkeit. Diana Trivia wurde mit Hekate identifiziert und an den Scheidewegen verehrt.

111 Gott von Theben in Ägypten, hatte einen berühmten Tempel in der Oase Siwah. In Rom hatte Jupiter ein berühmtes Heiligtum auf dem Kapitol. Der Jupiter Latiaris wurde auf dem Albanerberg (mons cavus) verehrt (vgl. XXX).

112 Tochter des Atheners Ikarius.

113 Kastor und Polydeukes durften abwechselnd nach dem Tode des Kastor bald unter den Göttern, bald in der Unterwelt weilen.

114 Halbgott, der zum Gott (der Heilkunst) wurde.

XXIII.

Diese Fabeln und Irrtümer lernen wir von unverständigen Eltern und, was noch schwerer wiegt, wir verarbeiten sie sogar in unseren Studien und Schulen, besonders in den Werken der Dichter, welche durch ihren Einfluß der Wahrheit den größtmöglichen Eintrag getan haben. Platon hat deshalb ganz mit Recht den berühmten, gefeierten und gekrönten Homer aus seinem im Dialog aufgebauten Staatswesen verbannt. Er hat nämlich vor allem im Trojanischen Krieg eure Götter in das menschliche Tun und Treiben hereinversetzt; freilich treibt er damit nur seinen Scherz. Er hat sie paarweise zusammengestellt, läßt die Venus verwunden, den Mars fesseln, verletzen und in die Flucht schlagen. Nach ihm wurde Jupiter durch Briareus der Gefahr, von den andern Göttern gebunden zu werden, entrissen; nach ihm weinte er über seinen Sohn Sarpedon[115], weil er ihn dem Tode nicht entreißen konnte, blutige Tränenströme, und von dem Gürtel der Venus bezaubert umarmt er mit größerer Leidenschaft, als sonst seine Buhlerinnen, seine Gemahlin Juno. Anderswo hat Herkules den Mist fortgeschafft und weidet Apollo dem Admetus sein Vieh. Dem Laomedon hat Neptun Mauern erbaut, aber der arme Maurer erhielt keinen Lohn für seine Arbeit. Dort wird Jupiters Blitz zugleich mit den Waffen des Äneas auf dem Amboß geschmiedet, während doch Himmel und Donnerkeile und Blitze schon lange vorhanden waren bevor Jupiter

---

115 Wurde von Patroklus getötet.

auf Kreta geboren war, und den Strahl eines wirklichen Blitzes ein Cyklop nicht nachmachen konnte, dagegen selbst ein Jupiter fürchten mußte.

Was soll ich erst sagen von Mars und Venus, die beim Ehebruch ertappt wurden, und von Jupiters schändlicher Neigung für Ganymed, die durch den Himmel eine heilige Weihe erhielt? Alle diese Geschichten haben nur den Zweck, menschlichen Lastern eine gewisse Berechtigung zu verschaffen. Durch diese und ähnliche Dichtungen und nur zu verführerischen Lügen wird der Knaben Geist verdorben. Unter dem tiefen Eindruck dieser Fabeln wachsen sie bis zur vollen Höhe der Manneskraft heran; mit diesen Vorstellungen werden die Bedauernswerten alt: und doch liegt die Wahrheit so nahe, freilich nur für den, der sie sucht.

Wer zweifelt nun daran, daß das Volk geweihte Bildnisse von solchen Menschen anbetet und öffentlich verehrt, wobei der Sinn und Verstand der Unwissenden durch die künstlerische Schönheit getäuscht, durch des Goldes Blitzen geblendet, durch des Silbers Blinken und des Elfenbeines Glanz betört wird? Wenn aber jemand darüber nachsinnt, durch welche Marterinstrumente und welche Vorrichtungen jede Bildsäule geformt wird, so wird er sich schämen, einen Stoff zu fürchten, welcher in dieser Weise vom Künstler mißhandelt ward, um daraus einen Gott zu bilden. Der hölzerne Gott, vielleicht das Stück eines Scheiterhaufens oder Marterpfahls, wird aufgehängt, zugehauen, gezimmert und gehobelt. Der eherne oder silberne Gott wird öfters aus einem unsauberen Gefäß, wie das ein ägyptischer König wirklich getan hat,[116] geschmolzen, mit Wimmern zurechtgeschlagen und auf Ambossen geformt. Der steinerne Gott wird behauen, gemeißelt und von einem gemeinen Kerl geglättet. Er fühlt die Schmach seiner Entstehung ebensowenig wie nachher die Ehrung durch eure Anbetung. Aber vielleicht ist eben der Stein oder das Holz oder das Silber noch nicht der Gott?

Wann aber tritt er dann ins Dasein? Er wird gegossen, gezimmert, gemeißelt: noch ist's kein Gott. Er wird verlötet, zusammengesetzt, aufgerichtet: noch ist's kein Gott. Er wird geschmückt, geweiht, angebetet: endlich ist es ein Gott, wenn nämlich der Mensch ihm diese Bestimmung gegeben und ihn dazu geweiht hat.

XXIV.

Viel richtiger beurteilen die stummen Tiere eure Götter infolge ihres natürlichen Instinktes. Die Mäuse, Schwalben und Geier wissen wohl, daß jene keine Empfindung haben. Sie nagen daran, treten sie mit Füßen, setzen sich darauf und wenn ihr sie nicht verjagt, nisten sie sogar im Munde eures Gottes. Die Spinnen vollends überweben sein Gesicht und hängen an seinem Haupte ihre Fäden auf. Ihr müßt sie abwischen, reinigen, abschaben und habt Angst vor ihnen, während ihr

---

116 Amasis (Herodot 2, 172) wurde König 569 v. Chr., von niedriger Abkunft. Er ließ eine Götterstatue machen aus einem Gefäß, in welchem seine Höflinge die Füße gewaschen hatten. Die Statue fand viele Anbeter. Amasis mahnte, sie möchten ihren König ebenso behandeln trotz seiner niedrigen Herkunft, wie diesen Gott.

sie doch fertigt und schützt. Es denkt jeder von euch, er müsse erst einen Gott kennen, bevor er ihn verehrt; aber man leistet den Eltern gedankenlos Folge. Man will lieber einem fremden Irrtum beitreten, als sich selbst Glauben schenken, während man doch keine Ahnung von dem hat, was man fürchtet. So wird im Gold und Silber die Habsucht geheiligt, so die Form gehaltloser Statuen zur Geltung gebracht, so ist der Aberglaube der Römer entstanden.

Wenn man ihre Gebräuche mustert, wieviel des Lächerlichen und Erbärmlichen findet sich dabei! Mitten im rauhen Winter laufen sie halbnackt herum,[117] andere kommen mit einem Filzhut bedeckt,[118] tragen alte Schilde herum, schlagen Pauken,[119] tragen Götter bettelnd von Gasse zu Gasse. Manche Tempel darf man nur einmal im Jahr besuchen,[120] manche gar nie.[121] In einige darf kein Mann gehen;[122] zu manchen Gottesdiensten ist den Frauen der Zutritt versagt; auch ist es für Sklaven ein sühneheischendes Vergehen, bestimmten Zeremonien beizuwohnen.[123] Manche Heiligtümer bekränzt ein Weib, das nur einen Mann hat, andere ein

---

117 Die Priester des Faunus bei den Luperkalien am 15. Februar.
118 Die Salier, welche die zwölf hl. Schilder des Mars hüteten, und damit im März bewaffnete Umzüge hielten.
119 Zu Ehren der Göttermutter Cybele.
120 Z.B. den Tempel der Ceres und Proserpina in Arkadien und der Cybele in Theben.
121 Tempel des Neptun in Mantinea.
122 Tempel der Bona Dea, der Ceres und Vesta.
123 Sklaven waren ausgeschlossen vom Feste der Mater Matuta.

Weib vieler Männer, und man sucht mit großem Eifer eines, das mehrere Ehebrüche aufweisen kann. Noch mehr, wer von seinem eigenen Blute opfert[124] und durch seine Verwundungen Gnaden sucht, wäre der nicht besser gottlos, als in dieser Weise gottesfürchtig? Oder wer sich mit einer Scherbe hat entmannen lassen, wie verletzt der die Gottheit, wenn er sie so versöhnt? Wollte Gott Verstümmelte, so könnte er solche ja schaffen, nicht erst künstlich machen.

Wer sollte nicht einsehen, daß nur Unvernunft und Wahnwitz auf solche Tollheiten kommen kann und daß nur die große Schar der Irrenden sich gegenseitig Schutz gewährt? Hier liegt in der Masse der Wahnsinnigen eine Entschuldigung für den gemeinsamen Wahnsinn.

XXV.

Aber eben dieser Aberglaube, sagt man, hat den Römern ihre Herrschaft verschafft, vermehrt und begründet; sie haben sich nicht so sehr durch Tapferkeit als durch Religiosität und Frömmigkeit hervorgetan. Ja wahrhaftig! Die berühmte und weltbekannte Gerechtigkeitsliebe der Römer hat schon begonnen, als das werdende Reich in der Wiege lag. Sind sie nicht bei ihrem Eintritt in die Weltgeschichte durch Verbrechen zusammengeführt worden und unter dem Schutz ihrer grauenerregenden Unmenschlichkeit herangewach-

---

124 Die Priester der Cybele und der Bellona (asiatische Kulte).

sen. In einem Asyl[125] hat sich ja der erste Kern des Volkes versammelt. Es waren Taugenichtse, Verbrecher, Blutschänder, Meuchelmörder, Verräter zusammengeströmt, und Romulus selbst beging einen Brudermord, um als Herr und Gebieter sein Volk im Verbrecherhandwerk zu überbieten. Das sind die ersten Anfänge dieses religiösen Staatswesens. Bald darauf raubten, mißhandelten und entehrten diese Leute – ein beispielloses Verfahren – fremde Jungfrauen, die schon verlobt, schon Bräute waren, ja auch Ehefrauen, und begannen mit deren Vätern, also mit ihren eigenen Schwiegervätern, Krieg und vergossen das Blut von Verwandten. Was wäre gottloser gewesen, was frecher, was gewährte soviel Sicherheit gerade wegen der Dreistigkeit dieses Frevels? Sodann die Nachbarn aus ihren Gebieten zu verjagen, die nächstgelegenen Städte samt Tempeln und Altären zu zerstören, die Gefangenen zusammenzutreiben, durch fremden Verlust und eigenes Verbrechen emporzukommen, das ist die Politik, welche die folgenden Könige und späteren Feldherrn mit Romulus teilen. So ist alles, was die Römer haben, pflegen und besitzen, ein Lohn für ihre Keckheit. Alle Tempel stammen vom Ertrag ihrer Beute, das heißt aus zerstörten Städten, geplündertem Eigentum der Götter und von ermordeten Priestern. Spott und Hohn ist es, besiegten Göttern zu huldigen, sie zu Gefangenen zu machen und sie dann nach dem Triumph anzubeten. Denn Erbeutetes anbeten heißt ei-

---

125 Gemeint ist die Freistätte, die Romulus in der Niederung zwischen den beiden Kapitolinischen Hügeln als Zufluchtsort bestimmte.

nen Tempelraub heilig halten, nicht Gottheiten. Eben-
so oft also haben die Römer gefrevelt, als sie trium-
phiert, soviel Raub an den Göttern verübt, als sie den
Völkern Siegeszeichen abnahmen. Nicht ihrer Religio-
sität also verdanken die Römer ihre Größe, sondern
ungestraftem Gottesraub. Konnten sie doch gerade in
ihren Kämpfen an den Göttern keine Hilfe haben, ge-
gen welche sie die Waffen ergriffen. Doch die, welche
sie niedergekämpft, haben sie zu verehren angefangen,
nachdem sie über dieselben Meister geworden. Wie
aber können solche Götter für die Römer etwas tun,
welche für die ihrigen gegen deren Waffen nichts ver-
mocht haben?

Wir kennen ja die einheimischen Götter. Es sind das die
Götter Romulus, Picus, Tiberinus, Consus, Pilumnus
und Volumnus.[126] Die Cloacina[127] erfand und verehrte
Tatius[128], die Gottheiten Pavor und Pallor Hostilius;
später wurde, ich weiß nicht von wem, Febris[129] zur
Göttin geweiht. Das ist der Aberglaube, welcher diese
Stadt großgezogen; Krankheiten und Schwächezustän-
de. Sind ja auch Acca Larentia und Flora, zwei ausge-
schämte Dirnen, unter die Krankheiten und Gottheiten

---

126 Gott des Ackerbaus; Tiberinus, der vergötterte Tiberstrom; Con-
sus, Gott des Ackerbaus, der gute Ratschläge gibt; Pilumnus, Bru-
des des Picus, Sinnbild des Getreidestampfers; Volumnus, Schutz-
gott der Neugeborenen.

127 Cloacina, gefunden, wie man sagte, in der Cloaca maxima.

128 Titus Tatius, König der Sabiner.

129 Hatte ein Heiligtum auf dem Palatin, einem der 7 Hügel Roms und
ältester bewohnter Teil der Stadt.

der Römer zu zählen. Diese Götter natürlich haben den andern gegenüber, welche bei den verschiedenen Völkern verehrt wurden, ihre Herrschaft ausgedehnt. Denn der thracische Mars oder der Jupiter von Kreta oder Juno von Argos oder Samos oder Karthago oder Diana von Tauris oder die Göttermutter vom Ida oder jene ägyptischen Ungeheuer – Gottheiten kann man sie nicht nennen – haben doch nicht zu Roms Gunsten gegen ihre eigenen Verehrer Partei ergriffen.

Doch vielleicht ist bei den Römern die Keuschheit der Jungfrauen größer oder die Frömmigkeit der Priester reiner gewesen? Aber fast die Mehrzahl der Jungfrauen wurde, freilich ohne daß es Vesta wußte, wegen Unzucht bestraft;[130] die übrigen blieben ungestraft, nicht weil sie die Keuschheit sorgfältiger bewahrt, sondern weil sie bei ihrer Unzucht mehr vom Glück begünstigt waren. Wo aber werden mehr Buhlerinnen feilgeboten, Kuppeleien getrieben, Ehebrüche ausgesonnen, als von den Priestern zwischen Altären und Tempeln? Öfter sogar als selbst in den Bordellen wird in den Zellen der Tempelwächter glühender Leidenschaft gefrönt.

Übrigens hatten nach göttlicher Anordnung schon lange vor den Römern Weltreiche die Assyrer, Meder, Perser, Griechen und Ägypter, obwohl sie keine Pontifices, Arvalen, Salier, Vestalinnen und Auguren hatten und keine in einen Käfig gesperrten Hühner, um nach de-

---

130 Die Vestalinnen wohnten beim Tempel der Vesta auf dem Forum unter Aufsicht des Pontifex maximus. Wenn sich eine Vestalin gegen die Keuschheit verging, wurde sie lebendig begraben.

ren Lust oder Unlust zum Fressen die hohe Staatspolitik zu betreiben.

XXVI.

Nun komme ich zu der bekannten römischen Vogelschau und Vogeldeuterei, welche nach deiner Versicherung mit der größten Mühe zusammengestellt wurde, deren Vernachlässigung Schaden, deren Beobachtung Glück gebracht habe. Ach freilich, Clodius und Flaminius und Junius verloren deswegen ihre Heere, weil sie das Fressen der Hühner nicht bis zum Ende abwarten zu müssen glaubten. Aber Regulus? Beobachtete er nicht die Himmelszeichen und geriet doch in die Gefangenschaft? Mancinus[131] hielt treu den religiösen Brauch ein und wurde doch unter das Joch geschickt und ausgeliefert. Auch Paulus[132] hatte freßlustige Hühner und wurde dennoch bei Cannä mit dem größten Teil des römischen Volkes bezwungen. Gajus Cäsar verschmähte die Augurien und Auspizien, welche ihn abhalten wollten, vor dem Winter Schiffe nach Afrika zu senden: desto leichter wurde ihm die Überfahrt und der Sieg.[133] Was und wieviel soll ich weiterhin über die

---

131 C. Hostilius Mancinus, Konsul 137 v. Chr., wurde durch die Einwohner von Numantia geschlagen. Gemäß eines Vertrags wurde er unter das Joch geschickt; doch der Senat verwarf den Vertrag und lieferte den Konsul den Numantinern aus.

132 Paulus Aemilius wurde 216 v. Chr. bei Cannä besiegt und getötet.

133 Während des Krieges mit Pompeius im Dez. 46 v. Chr. Seine rasche Ankunft verhinderte die Sammlung der feindlichen Truppen.

Orakelsprüche reden? Amphiaraus[134] verkündete nach seinem Tode die Zukunft, er, der nicht wußte, daß er von seiner Frau um ein Halsband werde verraten werden. Tiresias[135], der doch als Blinder die Gegenwart nicht sah, schaute die Zukunft voraus. Den Orakelspruch des Pythischen Apollo über Pyrrhus hat Ennius erdichtet;[136] hatte doch Apollo bereits aufgehört, in Versen zu sprechen. Sein bekanntes schlaues und doppelsinniges Orakeln hörte auf, als die Menschen anfingen, gebildeter und weniger leichtgläubig zu werden. Demosthenes beklagte sich, daß die Pythische Seherin „die Sprache Philipps rede"; er wußte eben von der Fälschung der Orakelsprüche.

„Doch bisweilen haben die Auspizien und Orakel doch das Richtige getroffen." Allerdings könnte man glauben, daß unter den vielen Lügen der reine Zufall den Anschein einer gewissen Planmäßigkeit gewonnen hat.

Aber ich will gleich die Quelle des Irrtums und der Verkehrtheit, von der all jener finstere Dunst entquoll, tiefer ergründen und offener zutage legen.

Es gibt unreine, unstete Geister, welche von der himmlischen Kraft durch irdische Makel und Begierden her-

---

134 Herrschte mit Adraste, deren Tochter Eriphyle er heiratete, über Argos. In der Voraussicht, dass er sterbe, wenn er am Krieg gegen Theben teilnehme, verbarg er sich; aber Eriphyle verriet dem Polyneikes, der aus Theben verbannt war, seinen Aufenthalt.

135 Erblindete mit sieben Jahren, Jupiter gab ihm dafür die Sehergabe.

136 Pyrrhus, König von Epirus, besiegte die Römer zu Heraklea und Askulum, wurde aber dann selbst 275 v. Chr. bei Benevent geschlagen. Ennius, Dichter, gest. 169 v. Chr.

abgesunken sind. Nachdem sie nun durch die Last und den Sumpf ihrer Laster die Reinheit ihres Wesens eingebüßt, hören diese Geister nicht auf, zum Trost in ihrem Unglück, selbst verdorben, auch andere zu verderben und selbst betört, auch Menschen ihre törichten Irrtümer mitzuteilen[137] und verstoßen von Gott, auch die Menschen durch Einführung falscher Religionen[138] von Gott zu trennen. Die Dichter kennen diese Geister als Dämonen, die Philosophen handeln davon,

---

[137] Laut den Heiligen Schriften sowohl des Alten als auch Neuen Testamentes waren die unreinen Geister ursprünglich himmlische Wesen, die sich Lucifer anschlossen. Lucifer, der ehemalige Engel des Lichts, erhob sich über seinen Schöpfer und Gott im Himmel und wurde deswegen gestürzt und seine Anhänger mit ihm. Der gefallene Engel hat seitdem viele Namen (Satan, Teufel, Schlange, uva.) und lebt in hasserfüllter Feindschaft gegen Gott, die Schöpfung, und die Menschen. Der einzige Trost der unreinen Geister, die von den Griechen Dämonen genannt wurden, besteht darin, die Menschheit von Gott abzubringen und gegen Ihn aufzubringen, um am Ende gemeinsam mit den Menschen und ihrem satanischen Anführer gegen Gott Krieg zu führen und Ihn zu besiegen, wie sie hoffen. Das wäre die einzige Chance, ihrer ewigen Strafe zu entgehen. Für die frühen Christen war die Existenz von unreinen Geistern nicht nur unbestritten, sondern sie waren auch Zeugen der Macht Christi über alle Dämonen. Das kommende Königreich Gottes wurde für die Menschen sichtbar als Jesus Christus bewies, dass Er Herr(scher) über alles im Himmel und auf der Erde ist, auch über alle Dämonen. Die Evangelien sind gespickt von Berichten darüber. Die frühen Christen sahen daher eine ihrer Berufungen darin, den übrigen Menschen die Wahrheit über den unsichtbaren Kampf und die Dämonen, die hinter allem Wahnsinn, Laster und Irrtum stehen, zu offenbaren.

[138] „Denn alle Götter der Völkerschaften sind Dämonen, der Herr aber hat die Himmel gemacht." (Psalm 95,5 LXX Deutsch)

auch Sokrates weiß von ihnen; er hat ja nach dem Wink und Willen des Dämons an seiner Seite Geschäfte unterlassen oder übernommen. Ebenso kennen die Magier nicht nur die Dämonen, sondern bewirken auch durch die Dämonen all ihr wunderliches Gaukelwerk.[139] Unter ihrer Eingebung und ihrem Einfluß bringen sie ihre Zauberkünste hervor, wobei sie Nichtwirkliches zur Erscheinung bringen oder Wirkliches verschwinden lassen. Der erste Magier in Wort und Werk, Hostanes[140], erweist dem wahren Gott gebührende Ehre, kennt aber auch Engel, das heißt Diener und Boten, welche den Thron Gottes umgeben und zu seiner Verehrung ihm zur Seite stehen derart, daß sie schon durch Wink und Miene ihres Herrn in Furcht erzittern. Der gleiche spricht auch von Dämonen als irdischen, unsteten und menschenfeindlichen Wesen. Erzählt nicht ebenso Platon, der die Gotteserkenntnis für

---

139 Magier waren damals nicht Unterhaltungskünstler, sondern standen mit unreinen Geistern in Kontakt um mit deren Hilfe Wunder und Heilungen zu vollbringen, was auch teilweise gelang. Jede heidnische Religion und Naturreligion kennt Geistheiler, Schamanen, Medizinmänner udgl., die mittels okkulter Praktiken zu Zaubersprüchen, Flüchen und Heilmittel kamen. Gott hat Zauberei streng verboten, im Alten wie im Neuen Testament, und Jesus Christus schließt alle Zauberer aus Seinem ewigen Reich aus (Offb 21,8). Das griechische Wort an der Stelle ist pharmakos, das ist einer, der mit Gift und Drogen handelt, daher kommt der Pharmazeut. Das griechische Wort für Zauberei im Neuen Testament (Gal. 5,10; Offb. 9,21; 18,23) ist pharmakeia. Die Ähnlichkeit mit den Worten Pharmazie und Pharmaindustrie ist kein Zufall.

140 Ein Arzt, begleitete den Xerxes auf seinem Zug gegen die Griechen; er schrieb Bücher über medizinische Magie.

schwierig hält, von Engeln und Dämonen, ohne dabei Schwierigkeiten zu finden? Versucht er nicht in seinem Symposion, sogar die Natur der Dämonen zu beschreiben? Er denkt sie sich nämlich als eine Substanz, die zwischen der sterblichen und unsterblichen, also zwischen Körper und Geist, in der Mitte stehe, zusammengesetzt aus einer Mischung von irdischer Schwere und himmlischer Leichtigkeit. Daraus, belehrt er uns, erhalte auch die Neigung zur sinnlichen Liebe Gestalt;[141] diese senke sich in die Menschenbrust und errege Empfindungen, bilde die Affekte und entfache die Glut der Leidenschaft.

XXVII.

Diese unreinen Geister nun oder Dämonen, wie die Magier und Philosophen sie erklären, stecken hinter den geweihten Statuen und Bildern.[142] Sie erreichen durch ihre Einwirkung ein Ansehen, als ob wirklich eine Gottheit zugegen wäre, indem sie bisweilen Seher begeistern, in Tempeln verweilen, hie und da die Fasern der Eingeweide beleben, den Vogelflug leiten, die Lose[143] lenken, Orakelsprüche hervorrufen, die freilich in mehr Lügen eingehüllt sind [als sie die Wahrheit enthalten]. Denn sie täuschen sich und täuschen andere,

---

141 Man denke an Eros oder Amor, den Genius der sinnlichen Liebe.

142 Diese Ansicht hat auch der Heide Apulejus; vgl. 1. Kor. 10,20.

143 Diese Lose waren Täfelchen, die man aus einer Urne herauszog. In der Antike nannte man die solcherarts beim Orakel verwendeten Eichenstäbchen oder Bronzeplättchen „Sortes". Die bekanntesten Sortes waren die vom Tempel der Fortuna in Praeneste.

da sie die reine Wahrheit nicht kennen und was sie davon wissen, zu ihrem Verderben nicht zugestehen. So ziehen sie die Menschen vom Himmel nach unten und lenken sie weg vom wahren Gott zu materiellen Dingen, stören das Leben, beunruhigen den Schlaf. Sie schleichen sich sogar heimlich in die Körper ein als feine Geister und bewirken Krankheiten, ängstigen die Seelen, verzerren die Glieder, um sie zu ihrer Verehrung zu nötigen. Sie erwecken den Anschein, als ob sie, durch den Fettdampf der Altäre und die geopferten Tiere gesättigt, eine Heilung bewirkt hätten, während sie doch nur die wieder freilassen, welche sie selbst gebunden hatten. Daher auch die Rasenden, welche ihr öffentlich laufen seht, welche auch Wahrsager sind, nur außerhalb des Tempels; sie wüten gerade so, gebärden sich ebenso toll, wirbeln sich gleicherweise im Kreise herum. Gleich ist auch bei ihnen der Einfluß des Dämons, nur die Erscheinungsweise der Raserei ist anders. Dämonischen Einflüssen sind auch jene Dinge zuzuschreiben, welche du eben vorhin erwähnt hast, daß Jupiter durch einen Traum die Wiederholung der Spiele forderte, daß das Kastorpaar auf Rossen erschien, daß ein Schiff dem Gürtel einer Römerin folgte.

Das alles geben die Dämonen selbst, wie die meisten von euch wissen, über sich selbst zu, so oft sie von uns durch die Folter der Beschwörungen und die Glut des Gebetes aus den Körpern ausgetrieben werden.[144]

---

144 Das Austreiben von Dämonen durch Beschwörungen, Gebet und Fasten war bei den frühen Christen Praxis. Sie machten es genauso, wie der Herr Jesus Seine Apostel lehrte (Mt. 17,21).

Saturnus selbst, Serapis, Jupiter und die ganze Dämonenwelt, die ihr verehrt, bekennen, überwältigt von Schmerz, was sie eigentlich sind, und sie lügen nicht, sicherlich zu ihrer Schande, zumal wenn einige aus euch zugegen sind. Glaubt doch ihrem eigenen Zeugnis und Bekenntnis, daß sie Dämonen sind. Denn beschworen beim wahren und einzigen Gott, schaudern sie wider Willen in den Leibern armselig zusammen und verlassen dieselben entweder sofort oder verschwinden allmählich, je nachdem der Glaube des Besessenen mithilft oder die Gnadengabe des Heilenden einwirkt. So fliehen sie vor den Christen in deren nächsten Nähe, um sie in den Versammlungen durch euch aus der Ferne zu verfolgen. Darum verbinden sie sich mit dem Geiste der Unverständigen und flößen heimlich mittels der Furcht Haß gegen uns ein; es ist ja natürlich, den zu hassen, welchen man fürchtet, und den möglichst feindlich zu behandeln, welchen man scheut. So fesseln sie die Geister und verstocken die Herzen. Darum beginnen die Leute uns schon zu hassen, bevor sie uns nur kennen; sonst würden sie wohl, wenn sie uns kennen gelernt, uns folgen oder könnten uns wenigstens nicht verdammen.

XXVIII.

Wie sehr es aber ungerecht ist, ohne vorherige Kenntnisnahme und Prüfung abzuurteilen, wie ihr tut, das glaubt uns, die wir selbst das gleiche bedauern müssen. Denn auch wir waren die gleichen wie ihr; wir dachten geradeso wie ihr, solange wir noch einstens verblendet und verstockt waren, nämlich daß die Christen ungeheuerliche Dinge verehrten, Kinder fräßen, unzüchtige Gelage miteinander feierten. Dabei haben wir nicht bemerkt, daß über sie solche Fabeln immer in Umlauf gesetzt, aber niemals untersucht oder bewiesen wurden und daß in der langen Zeit kein einziger den Verräter spielte, nicht um Verzeihung der Schuld, sondern um den Dank für die Anzeige zu ernten; ja daß es sich so wenig um etwas Böses handle, daß der angeklagte Christ weder errötete noch verzagte, nur eines bedauerte, nicht früher schon Christ geworden zu sein. Wir aber, die wir doch in einzelnen Fällen Tempelräuber und Blutschänder, sogar Vatermörder zur Verteidigung und Vertretung übernahmen, glauben sie gar nicht anhören zu müssen.[145] Ja bisweilen wüteten wir aus Mitleid um so grausamer gegen sie; wir folterten die Bekenner, um sie vor dem Tod zu retten, bis zum Widerruf. So wandten wir bei ihnen eine widersinnige Untersuchungsart an, die nicht die Wahrheit ergründen, sondern zur Lüge nötigen sollte.[146] Wenn dann ein Schwächerer, von Schmerz erdrückt und überwältigt, sein Christentum abgeleugnet hatte, dann waren wir ihm gewogen, wie wenn er durch Abschwörung des Christennamens schon alle seine Schandtaten durch diese Verleugnung gutmachen würde. Erkennt ihr nun, daß wir ganz gleich gedacht und gehandelt haben, wie

---

[145] Nämlich Octavius und Minucius als Anwälte, als sie noch keine Christen waren.

[146] Der bekannte Brief des Plinius an Trajan gibt einen schönen Kommentar zu dieser Stelle. Siehe Addendum.

ihr denkt und handelt? Denn wenn die Vernunft und
nicht dämonische Einflüsterung ihr Urteil abgäbe, so
müßte man mehr in sie dringen, nicht, damit sie ihr
Christentum ableugnen, sondern ihre blutschänderi-
sche Unzucht, ihren ruchlosen Gottesdienst, ihre Kin-
deropfer eingestanden. Durch diese und ähnliche Fa-
beln haben die gleichen Dämonen die Ohren der Un-
verständigen gegen uns vollgestopft, um uns zum Ge-
genstand des Abscheus und der Verwünschung zu ma-
chen. Befremdlich ist das nicht; denn die öffentliche
Meinung, die stets durch eingestreute Lügen Nahrung
erhält, aber durch das helle Licht der Wahrheit in
nichts zerrinnt, gehört auch zum Geschäft der Dämo-
nen. Von ihnen nämlich wird eben das falsche Gerede
verbreitet und unterhalten. Daher kommt auch, was du
gehört haben willst, daß ein Eselskopf bei uns Gegen-
stand göttlicher Verehrung sei. Wo ist der Tor, der so
etwas verehrt? Wo ist der größere Tor, welcher eine
solche Verehrung für wahr hält? Ihr freilich weiht
gleich ganze Esel in euren Ställen zugleich z. B. mit eu-
rer Epona[147] und verzehrt eben solche Esel mit der Isis
in frommer Verehrung. Ebenso opfert und verehrt ihr
Rinds- und Widderköpfe. Auch ehrt ihr Götter, die halb
Bock halb Mensch sind oder solche mit Löwen- und
Hundsköpfen.[148] Betet ihr nicht mit den Ägyptern den
Stier Apis an und füttert ihn?[149] Auch mißbilligt ihr

---

147 Keltische Göttin der Pferde und Esel.
148 Der Pan, die Satyrn, und die Faune. Hundskopf: Anubis [XXIII].
149 Der Stier Apis wurde ursprünglich in Memphis verehrt als Frucht-
barkeitsgott, dann als Verkörperung des Gottes Ptah, später Osiris.

nicht die religiösen Kulte, welche für Schlangen, Krokodile und andere Ungetüme, für Vögel und Fische angeordnet sind; auf die Tötung eines solchen Tiergotts ist sogar Todesstrafe gesetzt. Die gleichen Ägypter scheuen mit einer großen Anzahl von euch Isis nicht mehr als die Schärfe von Zwiebeln und bangen vor Serapis nicht mehr als vor dem durch gewisse Körperteile verursachten Geräusch. Auch wer gegen uns fabelt, wir beteten die Genitalien des Priesters an, sucht auf uns zu übertragen, was für seinesgleichen paßt.[150] Denn solche Unsauberkeiten mögen etwa denjenigen als heilige Gebräuche gelten, bei welchen beide Geschlechter alle Glieder preisgeben, bei welchen jede Art der Schamlosigkeit feine Bildung heißt, welche die Buhldirnen um ihre Freiheit beneiden, welche Männer mitten am Leibe lecken, die Schamglieder in ihren wollüstigen Mund nehmen, Leute böser Zunge, auch wenn sie schwiegen, die eher Ekel an ihrer Schamlosigkeit, als Scham über sie ergreift. O Verruchtheit! Sie begehen an sich Frevel, die das zartere Alter nicht ertragen, zu denen das abgehärtetere Sklavenvolk nicht gezwungen werden kann.

XXIX.

Diese und ähnliche Schamlosigkeiten[151] dürfen wir nicht einmal anhören; schon eine eingehendere Abwehr wäre geradezu unsittlich. Ihr erdichtet von keuschen und schamhaften Leuten Dinge, welche wir

---

150 Eine treffliche Beobachtung: „Wie der Schelm denkt, so ist er."
151 vgl. Röm. 1,26 ff.

überhaupt nicht für möglich halten würden, wenn ihr nicht eurerseits dafür den Beweis liefern würdet.

Wenn ihr weiterhin einen Missetäter und sein Kreuz als Gegenstand unserer religiösen Verehrung erklärt, so irrt ihr weit von der Wahrheit ab, falls ihr glaubt, daß bei uns einer als Gott gilt, der eine Strafe verdient oder nur Irdisches vollbracht hat. In Wirklichkeit ist der bedauernswert, dessen ganze Hoffnung sich auf einen sterblichen Menschen gründet; denn all seine Hilfe hat mit dem Tode dieses Menschen ein Ende. Die Ägypter freilich wählen sich einen Menschen zur Verehrung aus; ihn allein suchen sie gnädig zu machen, ihn befragen sie über alles, ihm schlachten sie Opfertiere. Aber er, welcher den anderen als Gott gilt, bleibt wenigstens für sich ein Mensch, mag er wollen oder nicht; denn sein eigenes Bewußtsein betrügt er nicht, wenn er auch andere täuscht. Sogar Fürsten und Königen wird nicht als großen und auserwählten Männern, wie es recht ist, sondern wie Göttern in schimpflicher Weise eine falsche Schmeichelei entgegengebracht und doch wäre für einen erlauchten Mann Ehre mehr am Platz und für einen Wohltäter Liebe wohltuender. So rufen sie dieselben als Gottheiten an, flehen zu ihren Standbildern, beten zu ihrem Genius [besser gesagt Dämon], und es dünkt ihnen weniger gefährlich, beim Genius des Jupiter falsch zu schwören, als bei dem des Königs.[152]

---

152 Schon unter Tiberius wurde ein falscher Eid, geschworen beim Genius des Augustus, gerichtlich verfolgt.

Auch Kreuze beten wir nicht an und wünschen sie nicht. Ihr allerdings, die ihr hölzerne Götter weiht, betet vielleicht hölzerne Kreuze an als Bestandteile eurer Götter. Was sind denn anders die militärischen Feldzeichen und Banner und Fahnen, als vergoldete und gezierte Kreuze? Eure Siegeszeichen haben nicht bloß die Gestalt eines einfachen Kreuzes, sondern erinnern auch an einen Gekreuzigten. Das Kreuzeszeichen sehen wir auch ungekünstelt auf dem Schiffe, wenn es mit schwellenden Segeln fährt oder mit ausgestreckten Rudern dahingleitet. Auch wenn ein Joch errichtet wird, entsteht das Zeichen des Kreuzes; ebenso wenn ein Mensch mit erhobenen Händen Gott nur im Geiste verehrt.[153] So liegt die Kreuzesform teils natürlichen Verhältnissen zugrunde, teils kommt sie bei euren religiösen Gebräuchen zur Verwendung.[154]

XXX.

Jetzt möchte ich mich an den wenden, welcher behauptet oder glaubt, wir würden unsere Aufnahme erhalten durch die Ermordung und das Blut eines Kindes. Hältst du das für möglich, daß ein so weicher und klei-

---

153 Vgl. die sogenannten Oranten auf vielen Katakombengemälden. Sie zeigen die bei den frühen Christen übliche Gebetshaltung mit ausgestreckten Armen.

154 Das Kreuz war damals nicht das Markenzeichen der Christen. Es war einerseits Symbol der Hinrichtung (in diesem Sinne meinte Jesus: „Wer nicht sein Kreuz auf sich nimmt und mir nachfolgt, der ist meiner nicht wert." Mt. 10,38) und andererseits ein natürlich vorhandenes Zeichen in militärischen, zivilen und religiösen Situationen der Heiden, wie Octavius hier treffend ausführt.

ner Körper für todbringende Wunden empfänglich ist, daß jemand solch junges Blut eines Neugeborenen, der kaum schon ein Mensch ist, durch Hinmorden vergieße, ausspritze und schlürfe. Niemand kann das glauben, außer wer fähig ist, es auch zu tun. Euch allerdings sehe ich die neugeborenen Kinder bald den wilden Tieren und Vögeln aussetzen,[155] bald durch Erdrosseln auf jämmerliche Weise aus dem Leben schaffen. Manche Weiber vernichten im eigenen Leibe durch eingenommene Arzneien den Keim künftigen Lebens und begehen einen Kindsmord, ehe sie gebären.[156] Diese Dinge kommen allerdings vom Beispiel eurer Götter her. Saturnus hat ja seine Kinder nicht ausgesetzt, sondern aufgefressen. Dementsprechend wurden ihm in einigen Teilen Afrikas von den Eltern Kinder geopfert, wobei man ihr Gewimmer durch Liebkosungen und Küsse erstickte, um nicht ein weinendes Opfer darzu-

---

[155] Bis zum 4. Jh. war das Aussetzen der Kinder mit bestimmten Einschränkungen das Recht des Familienvaters.

[156] Abtreibung war damals bereits ein von der Mehrheitsgesellschaft akzeptiertes Mittel der Familienplanung, das von den frühen Christen jedoch scharf als Kindesmord abgelehnt und verurteilt wurde. Auch Moralinstanzen wie Ärzte waren damals gegen Abtreibung. So formulierte Hippokrates, der wohl bekannteste Arzt der Antike, folgenden Schwur in seinem weltbekannten nach ihm benannten Eid, der bis ins 20. Jh. für alle Ärzte bindend war: „Ich werde niemandem, auch nicht auf seine Bitte hin, ein tödliches Gift verabreichen oder auch nur dazu raten. Auch werde ich nie einer Frau ein Abtreibungsmittel geben. Heilig und rein werde ich mein Leben und meine Kunst bewahren." Um Medizinern zu ermöglichen, Schwangerschaftsabbrüche und Sterbehilfe zu vollziehen, müssen sie heute den Hippokratischen Eid nicht schwören.

bringen. Den Tauriern am Pontus und dem Ägypter Busiris galt es als Religionsbrauch, Fremdlinge zu opfern,[157] und bei den Galliern, dem Mercur menschliche oder vielmehr unmenschliche Opfer darzubringen. Die Römer haben einen Griechen und eine Griechin, einen Gallier und eine Gallierin als Opfer lebend begraben[158] und heute noch wird Jupiter Latiaris von ihnen durch ein Menschenopfer verehrt und – würdig eines Sohnes des Saturn – mit dem Blute eines Bösewichts und Missetäters gemästet.[159] Er, glaube ich, war es, welcher den Katilina lehrte, den Bund der Verschwörung durch Blut zu besiegeln, und die Bellona, ihren Dienst durch Schlürfen von Menschenblut zu vollziehen, und die fallende Sucht durch Menschenblut, das heißt durch ein noch schlimmeres Übel zu heilen. Nicht unähnlich sind ihnen die, welche die wilden Tiere von der Arena weg auffressen, die doch von Menschenblut überronnen und besudelt oder mit menschlichen Gliedmaßen und Eingeweiden gemästet sind. Uns hingegen ist es nicht einmal gestattet, ein Menschenmorden anzusehen oder anzuhören; ja so sehr haben wir Scheu vor Menschenblut, daß wir nicht einmal das Blut eßbarer Tiere unter unseren Speisen kennen.[160]

---

157 Es sei an die Sage von der Iphigenie auf Tauris erinnert, welche als Priesterin der Diana die Fremdlinge opfern mußte, bis Orestes und Pylades kamen und sie erlösten.

158 Titus Livius berichtet von diesen Tatsachen aus den Jahren 226 und 216 v. Chr.

159 Dem Jupiter als Protektor der Latinervölker wurde an den feria latinae auf dem Kapitol ein Verbrecher oder Gladiator geopfert.

160 Genesis 9,4; Apostelgeschichte 15, 29.

XXXI.

Über unzüchtige Gastmähler hat sodann die Dämonen-
bande eine großartige Fabel gegen uns ersonnen, um
den Ruhm der Keuschheit durch Ausstreuung häßli-
cher Schmach zu besudeln; so wollten sie die Men-
schen vor der Erkenntnis der Wahrheit durch den
Schrecken einer schlechten Meinung von uns abwen-
dig machen. Auch dein Fronto[161] z. B. hat darüber nicht
ein bestätigendes Zeugnis abgelegt, sondern sich in
rhetorischen Schmähreden ausgelassen. Doch solche
Dinge sind eher bei euren Leuten vorgekommen. Bei
den Persern gilt der geschlechtliche Verkehr mit den
Müttern für erlaubt; bei den Ägyptern und Athenern
sind Ehen mit den Schwestern gesetzmäßig. Eure Ge-
schichten und Tragödien, die ihr gerne lest und hört,
prahlen mit Fällen der Blutschande. So verehrt ihr
auch unzüchtige Götter, die mit Mutter, Tochter und
Schwester ehelich sich verbunden haben. Natürliche
Folge davon ist, daß man bei euch Blutschande oft
trifft, immer aber zuläßt. Auch ohne Wissen, ihr Ar-
men, könnt ihr in unerlaubte Verhältnisse geraten.
Während ihr blindlings der Liebe frönt, allerorten Kin-
der zeugt, auch oft die im Hause geborenen Kinder
fremdem Mitleid preisgebt, müßt ihr notwendig auf
die eurigen zurückkommen, zu den leiblichen Kindern
euch verirren. So schmiedet ihr eine Tragödie der Blut-
schande, auch ohne euch dessen bewußt zu sein. Wir

---

161 Marcus Cornelius Fronto (100-170 n. Chr.), römischer Rhetoriker
und Anwalt. Lehrer von Marc Aurel und anscheinend Bekannter
von Caecilius. Siehe Fußnote Ende Kap. [IX]

dagegen zeigen unsere Schamhaftigkeit nicht durch Äußeres, sondern, durch unsere Gesinnung. Wir bleiben willig dem Bande einer Ehe treu, wissen entweder nur von einem Weibe, um unser Geschlecht fortzupflanzen, oder von keinem.[162] Die Gastmähler, die wir veranstalten, sind nicht nur züchtig, sondern auch maßvoll. Wir huldigen nicht Schmausereien oder ziehen das Mahl durch Trinkgelage in die Länge, sondern wir wissen den Frohsinn durch Ernst zu zügeln. Keusch in Worten und noch keuscher dem Leibe nach erfreuen sich sehr viele der ewigen Jungfräulichkeit eines unbefleckten Leibes, ohne sich dessen zu rühmen. So ferne liegt uns die Begierde nach Blutschande, daß manche sich schämen, selbst eine züchtige Verbindung einzugehen.

Wenn wir ferner eure Ehrenstellen und Purpurkleider verschmähen, so folgt daraus noch nicht ohne weiteres, daß wir aus der Hefe des Volkes[163] bestehen. Ebensowenig sind wir parteisüchtig, wenn wir alle für ein Gut begeistert sind, gleich friedfertig in Gesellschaft wie allein. Auch sind wir nicht „nur in Winkeln redselig", wenn ihr euch schämt oder fürchtet, uns öffentlich zu hören.

Wenn sich ferner unsere Zahl täglich mehrt, so ist das nicht ein Beweis für Verirrungen, sondern ein ruhm-

---

162 Die frühen Christen lebten streng monogam gemäß der Berpredigt und anderen Predigten Jesu (Mt. 5, 32. 19, 5). Manche gingen über Christi Verbot von Scheidung und Wiederheirat sogar hinaus und verurteilten die zweite Ehe (z.B. die Montanisten).

163 Sprichwörtlich abwertend für den Abschaum des Volkes [VIII].

volles Zeugnis. Denn einer schönen Lebensweise bleiben die alten Freunde treu und schließen sich neue an. So erkennen wir uns auch leicht nicht etwa an einem körperlichen Merkmal, sondern am Wahrzeichen der Unschuld und Bescheidenheit. So haben wir, worüber ihr euch ärgert, gegenseitige Liebe, weil wir von Haß nichts wissen. So nennen wir uns – das erregt euren Neid – Brüder als Menschen des einen göttlichen Vaters, als Glaubensgenossen und Miterben der Hoffnung.[164] Ihr dagegen zollt einander keine Anerkennung, brecht wütend in gegenseitigen Zorn aus und erkennt euch nicht als Brüder an, außer etwa um einen Brudermord zu begehen.

XXXII.

Glaubt ihr aber, wir halten den Gegenstand unserer Verehrung geheim, wenn wir keine Tempel und Altäre haben?[165] Welches Bild soll ich für Gott ersinnen, da doch im Grunde genommen der Mensch selbst Gottes Ebenbild ist? Welchen Tempel soll ich ihm bauen, da diese ganze Welt, das Werk seiner Hände, ihn nicht zu fassen vermag? Und während ich als Mensch geräumiger wohne, soll ich die Größe solcher Majestät in eine einzige Zelle einschließen? Müssen wir nicht besser in unserer Seele ihm ein Heiligtum errichten, nicht lieber in unserer Brust eine Stätte weihen? Kleine und große Tiere soll ich Gott opfern, welche er doch zu meinem

---

164 Röm. 8,17; 12,16; Tit. 3,7; 1. Petr. 3,7 ; 2. Petr. 1,1.
165 Die frühen Christen nahmen, wie bereits erwähnt, die Worte der Apostel wörtlich und als Gesetz, wie etwa Paulus in Apg. 17,24.

Nutzen erschaffen, so daß ich ihm eigentlich seine Gabe zurückgebe? Das wäre undankbar, wenn doch ein gutes Herz, ein reiner Sinn und ein unbeflecktes Gewissen ein angenehmes Opfer ist. Wer also Unbescholtenheit übt, der erfleht Gottes Barmherzigkeit; wer Gerechtigkeit liebt, bringt Gott Spenden dar; wer sich von Betrug fernhält, versöhnt Gott; wer einen Menschen der Gefahr entreißt, schlachtet das beste Opfertier. Das sind unsere Opfer, das ist Gottesdienst. So gilt bei uns der Gerechteste als der Frömmste.

Freilich den Gott, den wir verehren, können wir weder sehen lassen noch selbst sehen. Gerade deswegen gilt er uns als Gott, weil wir ihn wahrnehmen, aber nicht schauen können. Denn in seinen Werken und in allen Bewegungen der Welt schauen wir immer seine Macht gegenwärtig,[166] im Donner, Blitz und Wetterleuchten wie bei heiterem Himmel. Darüber brauchst du dich gar nicht zu wundern, daß du Gott nicht siehst. Durch die wehenden Winde kommt alles in Bewegung, Schwingung und Antrieb, und doch kommt der Hauch des Windes nicht unter unsere Augen. In die Sonne, die doch allen das Sehen ermöglicht, können wir nicht schauen; durch ihre Strahlen wird die Schärfe des Auges geschwächt, der Blick des Anschauers wird verdunkelt, und wenn man länger hinsieht, wird die Sehkraft ganz zerstört. Wie? Den Schöpfer der Sonne, den Urquell des Lichtes, sollte dein Blick ertragen können, wenn du schon vor seinen Blitzen dich abwendest und

---

166 Vgl. 1. Tim. 6,16; Röm. 1,20 f.

vor seinen Weiterstrahlen dich verbirgst? Du willst
Gott mit fleischlichen Augen sehen, während du doch
deine eigene Seele, welche dir Leben und Sprache ver-
leiht, nicht sehen und nicht greifen kannst?

Du meinst, dieser Gott wisse nichts vom Tun und Trei-
ben der Menschen und könne von seinem Thron im
Himmel nicht zu allen kommen und alle kennen. O
Mensch, das ist ein Irrtum und eine Täuschung. Wie
kann denn Gott weit weg sein, da doch der ganze Him-
mel und die ganze Erde und alles außerhalb des Erd-
kreises von Gott erfüllt ist? Überall ist er nicht nur uns
ganz nahe, sondern sogar in uns. Betrachte nur noch
einmal die Sonne. Sie steht am Himmel und doch ist
ihr Licht über alle Länder ausgegossen; allerorts ist sie
gleichmäßig gegenwärtig, dringt in alles ein und nir-
gends wird ihr Glanz getrübt. Um so mehr ist Gott, der
alles erschafft und schaut, vor dem nichts verborgen
bleiben kann, gegenwärtig in der Finsternis, gegenwär-
tig in unseren Gedanken, gleichsam einer Finsternis
anderer Art. Wir handeln nicht bloß unter seinen Au-
gen, sondern leben, möchte ich fast sagen, mit ihm.

XXXIII.

Auch wollen wir uns nicht wegen unserer großen Zahl
schmeicheln. Uns erscheint unsere Zahl groß, in den
Augen Gottes ist sie verschwindend klein. Wir unter-
scheiden Völker und Stämme: für Gott ist die ganze

Welt nur eine Familie.[167] Könige kennen den Zustand ihres Reiches durch die Dienste ihrer Beamten; Gott braucht keine Berichte. Leben wir doch nicht bloß unter seinen Augen, sondern in seinem Schoße.

Aber „den Juden hat es nichts genutzt, daß auch sie einen einzigen Gott mit Altären und Tempeln aufs ängstlichste verehrt haben". Du irrst aus Unkenntnis, indem du die Vergangenheit vergessen hast oder unkundig nur der späteren Zeit gedenkst. Denn auch sie wurden, solange sie unseren Gott – er ist ja derselbe Gott für alle – [ihn nämlich] in Reinheit, Unschuld und Ehrfurcht verehrten, solange sie seinen heilsamen Geboten gehorchten, aus wenigen eine zahllose Schar, aus Armen reich, aus Knechten zu Herrschern. In kleiner Zahl haben sie viele, wehrlos haben sie einen wohlgerüsteten Feind, auf der Flucht ihre Verfolger auf Gottes Geheiß und mit Hilfe der Elemente überwältigt.

---

167 Der Begriff „Menschheitsfamilie", den die Friedensbewegung gerne benützt, ist also auch keine Erfindung der Neuzeit, sondern kann ebenso wie bestimmte Formulierungen der Menschenrechte auf Minucius Felix oder noch ältere Denker zurückgeführt werden.

Lies nur ihre Schriften oder forsche, um ältere Schrift-
steller zu übergehen, bei Flavius Josephus[168] oder,
wenn du Römer bevorzugst, bei Antonius Julianus[169]
über die Juden nach. Dann wirst du einsehen, daß sie
durch ihre Verworfenheit sich ihr Schicksal zugezogen
und daß nichts geschehen ist, was ihnen nicht für den
Fall fortgesetzter Verstockung schon vorausverkündet
war. So wirst du begreifen, daß sie zuerst Gott verlas-
sen, bevor er sie verlassen hat, und daß sie nicht, wie
du freventlich sagst, samt ihrem Gott in Gefangen-
schaft gerieten, sondern von Gott als Verräter an sei-
nem Gesetz preisgegeben wurden.

XXXIV.

Über den Weltbrand ferner ist es ein verbreiteter Irr-
tum, wenn man nur schwer oder gar nicht glauben
will, daß plötzlich Feuer vom Himmel fallen.

Welcher Weltweise zweifelt, wer wüßte es nicht, daß
alles, was entsteht, auch vergeht und alles Geschaffene
auch wieder zunichte wird, daß auch der Himmel mit
allem, was er enthält, ein Ende nehmen wird, wie er ei-
nen Anfang gehabt. Daß so die ganze Welt, wenn das
süße Quellwasser und das Meerwasser nicht mehr die

---

168 Jüdischer Historiker, der im 1.Jh. n. Chr. lebte, also genau zur Zeit
der Urgemeinde und Apostel. Er schrieb nach der Zerstörung Jeru-
salems in Rom die Geschichte des jüdischen Krieges in 7 Büchern
und eine jüdische Archäologie in 20 Büchern.
169 Vgl. über ihn E. Norden, Neue Jahrb. f. d. class. Altert. 31 (1913)
664 ff.

Sonne, den Mond und die übrigen Gestirne nährt[170], in ein gewaltiges Feuer aufgehen müsse, ist die beständige Ansicht der Stoiker; wenn nämlich die Feuchtigkeit verdunstet sei, gerate diese ganze Welt in Brand. Auch die Epikureer haben über die Verbrennung der Elemente und die Zerstörung der Welt genau die gleiche Ansicht. Platon sagt, daß die Bestandteile der Welt abwechselnd bald überflutet werden, bald in Brand geraten. Wenn er auch erklärt, daß die Welt selbst ewig und unauflöslich geschaffen sei, so fügt er doch hinzu, daß sie für Gott, ihren Werkmeister, allein zerstörbar und vergänglich sei. Darum ist es nicht zu verwundern, wenn diese Weltmasse von dem gelöst wird, der sie zusammengefügt hat. Du siehst, daß die Philosophen das Nämliche lehren wie wir, nicht als ob wir ihren Spuren gefolgt wären, sondern weil sie aus den göttlichen Weissagungen der Propheten das Schattenbild einer freilich entstellten Wahrheit übernommen haben.

Daher haben auch die berühmtesten Philosophen, zuerst Pythagoras[171], besonders aber Platon[172] die Wahrheit der Wiedererstehung allerdings entstellt und nur halbrichtig gelehrt. Sie nehmen an, daß nach Lösung der körperlichen Bande nur die Seelen fortdauern und

---

170 Wir haben hier mit Waltzing eine Lücke angenommen und sie nach ihm ergänzt. (Auf Grund von Cic. de nat. deor. 2, 118). Die Stoiker glaubten, die Feuerkörper am Himmel nähren sich von den Wasserdämpfen, die von der Erde aufsteigen.

171 Von Samos, geb. Anfang des 6. Jh. v. Chr., also chronologisch der Älteste. Ihm schreibt man die Lehre von der Seelenwanderung zu.

172 An vielen Stellen, besonders im Timaeus.

immer wieder in andere neue Körper übergehen. Dazu fügen sie – noch eine größere Verdrehung der Wahrheit – die Behauptung, daß die Menschenseelen in Haustiere, Vögel und wilde Tiere zurückkehren. Wahrhaftig eine solche Anschauung ist nicht des Studiums eines Philosophen, sondern des Spottes eines Komikers wert.[173] Doch genügt es für unseren gegenwärtigen Zweck, daß eure Weltweisen auch in dieser Sache einigermaßen mit uns übereinstimmen. Wer ist übrigens so töricht und beschränkt, um einen Widerstreit gegen den Satz zu wagen, daß der Mensch von Gott ebenso neu geschaffen werden könne, wie er das erste Mal von Gott geschaffen werden konnte, daß der Mensch nichts sei nach dem Tode und nichts gewesen sei vor seiner Geburt, also aus nichts wiederhergestellt werden könne, wie er aus nichts entstehen konnte. Im Gegenteil, es ist schwieriger, dem, was noch nicht ist, einen Anfang zu geben, als das, was bereits vorhanden war, wieder ins Dasein zu rufen. Du meinst, es gehe etwas auch für Gott verloren, wenn es unseren schwachen Augen entrückt ist? Jeder Körper, mag er nun zu Staub verdorren oder in Feuchtigkeit sich auflösen oder zu Asche zerfallen oder in Fettdampf sich verflüchtigen, wird bloß uns entzogen, aber für Gott, den Erhalter der Elemente, ist er noch da. Wir fürchten auch nicht, wie ihr glaubt, irgendeinen Verlust durch die Art der Totenbestattung, aber wir üben die altehrwürdige und edlere Sitte der Beerdigung. Schau ferner, wie zu unse-

---

173 Gemeint ist die besondere Art von römischen Schauspielen, welche mit dem Namen „Mimus" bezeichnet werden.

rem Trost die ganze Natur auf die künftige Auferstehung anspielt. Die Sonne geht unter und wieder auf; die Sterne schwinden und kommen wieder, die Blumen sterben ab und leben wieder auf, die Gesträucher bekommen wieder junges Laub, nachdem sie entblättert waren, und nur aus verwestem Samen keimt neues Leben. So ist's mit dem Körper in der Zeitlichkeit wie mit den Blumen im Winter: sie verbergen frische Lebenskraft hinter scheinbarer Erstarrung. Was verlangst du so ungeduldig, daß er schon bei Winterfrost wiederauflebe und zurückkehre? Wir müssen auch für den Körper den Frühling abwarten. Freilich, ich weiß wohl, daß sehr viele im Bewußtsein ihrer Schuld mehr wünschen als glauben, daß sie nach dem Tode in Nichts zerfallen. Sie möchten eben lieber ganz vernichtet werden, als zu Qualen auferstehen. Ihr Irrtum findet Nahrung durch die Freiheit, welche ihnen in dieser Welt gelassen ist und durch die übergroße Langmut Gottes, dessen Gericht um so gerechter ist, je später es kommt.

XXXV.

Und doch werden die Menschen durch die Bücher der gelehrtesten Männer und die Gesänge der Dichter an jenen feurigen Strom und jene Glut erinnert, welche immer wieder vom Stygischen Sumpf aus ihren Umlauf beginnt. Beides haben sie als ewige Peinigungsmittel aus den Mitteilungen der Dämonen und den Aussprüchen der Propheten erkannt und gelehrt. Und deshalb schwört nach ihnen sogar Jupiter selbst, der Götterkönig, bei den versengenden Gestaden und dem finsteren Schlund in heiliger Scheu: er weiß eben die Strafe, die ihm und seinen Anbetern harrt, voraus und erschaudert davor. Und für diese Martern gibt es weder Maß noch Ende. Dort brennt ein klug berechnendes Feuer die Glieder und heilt sie wieder, zerfrißt sie und nährt sie wiederum. Und wie das Feuer des Blitzes den Körper berührt, aber nicht verzehrt, wie die Feuer des Ätnaberges und des Vesuvs und sonstiger Erdbrände lodern, ohne sich zu verbrauchen, so wird jenes strafende Feuer nicht durch Verzehrung der brennenden Körper genährt, sondern durch deren unaufhörliche Zerfleischung erhalten. Daß aber diejenigen, welche Gott nicht kennen, mit Recht gemartert werden, als Ruchlose, als Ungerechte, das kann nur ein Gottloser bezweifeln; ist es ja gewiß kein geringerer Frevel, den Vater des Alls und Herrn des Alls nicht zu kennen, als ihn zu beleidigen. Es reicht nun zwar schon die Unkenntnis Gottes zur Strafwürdigkeit hin, wie seine Erkenntnis zur Aussicht auf Verzeihung beiträgt. Indessen werden wir Christen im Vergleich mit euch, wenn auch bei einigen unsere Vorschriften zu wenig ausgeprägt sind, viel besser als ihr befunden. Denn ihr verbietet den Ehebruch und begeht ihn; wir sind als Ehemänner nur für unsere Ehefrauen auf der Welt. Ihr straft Vergehen, die ihr zulaßt; bei uns gilt schon der bloße Gedanke daran als Sünde. Ihr fürchtet die Mitwisser, wir sogar das Gewissen allein schon, ohne das wir nicht sein können. Von euren Leuten endlich wimmeln die Gefängnisse; Christ ist dort keiner[174], es sei denn, er ist wegen seiner Religion angeklagt oder abtrünnig geworden.

XXXVI.

Suche sich niemand mit einem Verhängnis zu trösten oder sein Endschicksal zu entschuldigen. Angenommen, das Lebensgeschick hänge vom Zufall ab, so ist doch der Geist frei und deshalb bildet die Handlungsweise des Menschen, nicht seine Stellung, den Gegenstand des Urteils. Was ist denn das Verhängnis anderes, als was Gott über einen jeden von uns bestimmt hat. Da er unseren Charakter im Voraus kennt, bestimmt er entsprechend den Verdiensten und Eigenschaften der einzelnen auch ihre Geschicke. So wird an uns nicht unser angeborenes Naturell bestraft, sondern unsere Geistesrichtung. Doch genug vom Verhängnis, wenn es auch wenig ist für jetzt; wir wollen ein anderes Mal ausführlicher und erschöpfender darüber handeln.

Wenn wir übrigens zum großen Teil für arm gelten, so ist das keine Schande, sondern ein Ruhm für uns. Wohlleben schwächt den Geist, Mäßigkeit kräftigt ihn. Doch wie kann arm sein, wer keine Bedürfnisse fühlt, wer nicht nach fremdem Gut begehrt, wer reich ist in den Augen Gottes? Weit mehr ist der arm, welcher immer noch mehr begehrt, wiewohl er schon viel hat. Doch ich möchte sagen, wie ich denke: niemand kann

---

174 Welcher Staat kann das heute sagen? Allein daran wird deutlich, wie weit weg das moderne Christentum vom ursprünglichen ist!

so arm sein, wie er bei seiner Geburt war. Die Vögel le-
ben ohne Erbe und das Vieh findet jeden Tag sein Fut-
ter, und doch sind diese Geschöpfe nur unsertwegen
auf der Welt und wir besitzen all das, wenn wir es nicht
begehren. Wie nun der, welcher auf der Straße wan-
dert, um so besser daran ist, je leichter sein Bündel ist,
so ist auf dem Lebensweg glücklicher daran, wer sich
durch Armut leicht macht und nicht unter der Last des
Reichtums seufzt. Und doch würden wir Reichtümer,
wenn wir sie für nützlich hielten, von Gott erbitten. Er
könnte jedenfalls uns einen Anteil davon geben; es ist
alles sein Eigentum. Aber wir wollen lieber die Reichtü-
mer verschmähen, als sie festhalten. Wir wünschen
uns lieber Unbescholtenheit, bitten lieber um Erge-
bung, wollen lieber gut sein, als verschwenderisch.

Wenn wir ferner menschliche Schwächen des Körpers
fühlen und darunter leiden, so ist das nicht Strafe, son-
dern eine Kampfesübung. Denn die Seelenstärke wird
durch solche Schwächen erhöht und das Unglück ist
oft genug eine Tugendschule. Ja, ohne Übung und An-
strengung erlahmen die Geistes- und Körperkräfte.
Sind doch sogar eure Helden, welche ihr als Vorbilder
hinstellt, sämtlich durch ihre Drangsale berühmt ge-
worden. So kann auch uns Gott zu Hilfe kommen und
verachtet uns nicht, da er ja der Herr des Alls ist und
die Seinen liebt. Aber in den Widerwärtigkeiten er-
forscht und prüft er einen jeden, in den Gefahren wägt
er den Charakter der einzelnen, bis zum letzten Todes-
röcheln erprobt er die Gesinnung des Menschen, ohne
besorgen zu müssen, daß ihm etwas entgeht. So wer-

den wir, wie das Gold im Feuer, durch Anfechtungen geprüft.[175]

XXXVII.

Welch ein herrliches Schauspiel ist es für Gott, wenn der Christ mit dem Schmerze ringt, wenn er gegen Drohung und Todesstrafe und Marter den Kampf aufnimmt, wenn er das Rasseln der Todeswerkzeuge und das Entsetzen vor dem Henker lächelnd mit Füßen tritt, wenn er Königen und Fürsten gegenüber seine Freiheit hochhält, Gott allein, dem er zugehört, gehorcht, wenn er selbst triumphierend und siegreich den, welcher gegen ihn das Urteil gesprochen, herausfordert! Denn Sieger ist, wer sich am Ziel seines Strebens findet. Welcher Soldat wird nicht unter den Augen seines Feldherrn kühner der Gefahr entgegentreten. Denn nur wer sich bewährt, erhält einen Preis. Und doch kann der Feldherr das nicht geben, was er nicht hat: er kann das Leben nicht verlängern, kann nur militärische Auszeichnungen geben. Der Streiter Gottes aber sieht sich im Schmerz nicht verlassen und wird durch den Tod nicht vernichtet. So kann der Christ zwar unglücklich scheinen, aber es nicht in Wirklichkeit sein. Ihr selbst erhebt ja Unglücksmänner zum Himmel, wie Mucius Scaevola, der bei den Feinden zugrunde gegangen wäre, nachdem er hinsichtlich der Person des Königs sich getäuscht, hätte er nicht seine Rechte geopfert. Aber wie viele von uns haben nicht bloß ihre Rechte, sondern ihren ganzen Körper versen-

---

175 Spr. 3,11; 1.Kor. 3,13; 1. Petr. 1,6+7; Jak. 1,12.

gen und verbrennen lassen ohne einen einzigen Schmerzenslaut, obwohl sie es in ihrer Gewalt hatten, Freilassung zu erlangen.[176] Doch was vergleiche ich Männer mit Mucius oder Aquilius[177] oder mit Regulus[178]? Bei uns spotten Knaben und schwache Frauen der Kreuze und Foltern, der wilden Tiere und aller Schrecknisse der Hinrichtung mit himmlischer Ausdauer im Schmerz. Und doch seht ihr nicht ein, ihr Unseligen, daß es niemand gibt, welcher grundlos eine Strafe ertragen will oder Martern ohne göttliche Hilfe aushalten kann?

Oder beirrt euch die Wahrnehmung, daß solche, die von Gott nichts wissen wollen, Reichtum in Fülle haben, in Ehrenämtern glänzen, in Machtstellungen sich befinden? Die Unglücklichen werden nur dazu höher erhoben, um desto tiefer zu fallen. Sie werden wie Opfertiere zur Abschlachtung gemästet und für die Strafe bekränzt. Manche werden sogar deswegen zu Herrschaft und Macht erhoben, daß ihre ungebundene Machtwillkür nach freiem Belieben die Gesinnung ihres verderbten Herzens zu Markt tragen kann. Kann denn ohne Gotteserkenntnis überhaupt ein dauerhaftes Glück bestehen, da es doch einen Tod gibt? Einem Traumgebilde gleich entschlüpft es, ehe man dasselbe erhascht. Du bist ein König? Doch du mußt ebenso

---

176 Indem Sie Christus verleugnet hätten und den römischen Kaiser und dessen Götter angebetet hätten.

177 Aquilius Nepos wurde 90 v. Chr. von Mithridates gefangen. Es wurde ihm geschmolzenes Gold in den Mund gegossen.

178 Siehe Kap. [XXVI]

fürchten, wie du gefürchtet bist; wie zahlreich auch dein Gefolge ist, in der Stunde der Gefahr stehst du doch allein. Du bist reich? Aber dem Glück ist nicht wohl zu trauen und durch großes Gepäck wird der kurze Lebensweg nicht erleichtert, sondern erschwert. Du rühmst dich deiner Amtsabzeichen und Ehrenkleider? Ein törichter Wahn und eitle Sorge um Ehrenämter, wenn man in Purpur glänzt, während man im Herzen schmutzig ist. Du bist von adeliger Geburt? Du brüstest dich mit deinen Ahnen? Doch wir alle bringen das gleiche Los mit auf die Welt, nur persönliche Tüchtigkeit unterscheidet uns.

Da wir nun nach Charakter und sittlicher Reinheit beurteilen, bleiben wir natürlich euren schlimmen Vergnügungen, Aufzügen und Schauspielen ferne, deren religiösen Ursprung wir kennen und deren gefährliche Reize wir verwerfen. Wer sollte bei den Wettspielen im Zirkus sich nicht entsetzen über den Wahnsinn, mit dem das Volk sich abzankt, bei den Gladiatorenkämpfen über die handwerksmäßige Menschenschlächterei? Auch in den Schauspielen ist keine geringere Raserei und die Schändlichkeit noch zügelloser: bald erzählt und stellt ein Mime Ehebrüche dar, bald erregt ein entnervter Komödiant die Leidenschaft, während er sie bloß vormacht. Er verunglimpft zugleich eure Götter, indem er ihnen Unzucht, Jammertöne und Haßausbrüche andichtet und entlockt euch in erheucheltem Schmerz durch leeres Mienen- und Gebärdenspiel Tränen. So verlangt ihr im wirklichen Leben nach Mordszenen und beweint sie in der Einbildung.

XXXVIII.

Wenn wir ferner die Überreste der Opferspeisen und die Opfergetränke verschmähen, so liegt darin nicht ein Eingeständnis der Furcht, sondern ein Beweis für die wahre Freiheit. Wohl ist jedes natürliche Erzeugnis eine unverletzliche Gabe Gottes und kann durch keine Art von Benutzung schlecht werden; aber wir enthalten uns doch davon, damit niemand glaube, wir erkennten die Dämonen, denen es geopfert war, an oder schämten uns unserer Religion.[179]

Wer möchte aber daran zweifeln, daß wir die Frühlingsblume lieben? Wir pflücken ja die Frühlingsrose und die Lilie, überhaupt jede Art von Blumen mit reizender Farbe und angenehmem Wohlgeruch. Wir benützen sie einzeln und zusammengebunden und schlingen sie in weichen Gewinden um den Hals. Nur daß wir das Haupt nicht bekränzen, müßt ihr verzeihen; wir pflegen eben der Blumen lieblichen Duft mit der Nase einzuziehen, nicht mit Kopf und Haaren zu genießen. „Auch die Toten bekränzen wir nicht." Ich muß mich freilich in diesem Punkt viel mehr über euch wundern, wie ihr für einen Leichnam, wenn er noch Empfindung hat, eine Feuerfackel, oder wenn er keine Empfindung mehr hat, ein Blumengewinde bestimmen könnt. Ist er selig, so trägt er nach Blumen kein Verlangen; ist er unglücklich, kann er an Blumen keine Freude haben. Wir dagegen bestatten unsere Toten mit derselben Gemütsruhe, mit der wir leben, und

---

179 1. Kor. 10,20-21

winden ihnen nicht einen welkenden Kranz, sondern
erwarten von Gottes Hand einen immergrünen von
ewigen Blumen.[180] Ruhig und bescheiden, der Freige-
bigkeit unseres Gottes gewiß, beleben wir unsere Hoff-
nung auf die einstige Glückseligkeit durch den Glauben
an seine gegenwärtige Majestät. So erstehen wir einst
selig und leben jetzt schon selig im Hinblick auf die Zu-
kunft. Da mag der „attische Narr" Sokrates zusehen,
wenn er erklärt, daß er nichts wisse, er, der sich doch
des Zeugnisses eines allerdings höchst trügerischen
Dämons rühmt. Mag auch Arkesilas[181] und Karneades
und Pyrrhon und die ganze Schar der Akademiker im
Zweifel leben, und Simonides in Ewigkeit Aufschub
verlangen: wir verachten die hochweisen Mienen der
Philosophen, die wir als Verführer und Ehebrecher
kennen und als Tyrannen, die freilich für ihre eigenen
Laster stets Entschuldigungen haben. Wir, die wir die
Weisheit nicht im Philosophenmantel, sondern in un-
serer Gesinnung zeigen, deren Stärke nicht in Worten,
sondern im Wandel ruht, dürfen uns rühmen, das er-
reicht zu haben, was jene mit aller Anstrengung such-
ten, aber nicht finden konnten. Warum sind wir un-
dankbar dafür, warum mißgönnen wir es uns selbst,
wenn die Wahrheit über Gott in unserer Zeit zur Reife
gelangt ist? Genießen wir vielmehr unser Glück und
setzen wir unsere Ansicht über das Gute ins richtige
Verhältnis: „der Aberglaube soll gebannt, die Gottlo-
sigkeit abgetan, die wahre Religion erhalten bleiben."

---

180 Vgl. 1. Petr. 5,4.
181 Siehe Kapitel [XIII].

Finale

XXXIX.

Octavius hatte geendet. Schweigsam und in Erstaunen versunken sahen wir eine Zeitlang starr vor uns hin. Ich für meinen Teil war von Bewunderung ganz hingerissen; hatte er doch Dinge, welche leichter zu fühlen, als zu sagen sind, durch Beweisgründe, Beispiele und Belegstellen aus der Literatur klar gemacht und unsere Widersacher mit ihren eigenen Waffen der Philosophie zurückgeschlagen und den Beweis erbracht, daß die Wahrheit nicht nur leicht faßlich, sondern auch leicht annehmbar ist.

XL.

Während ich all diesen Gedanken still nachging, brach Caecilius in die Worte aus:

„Ich wünsche meinem Octavius von Herzen Glück, aber auch mir selbst und ich warte nicht erst auf den Schiedsrichterspruch. Wir haben, auch ohnedies gesiegt mag's unrecht sein, ich nehme für mich den Sieg in Anspruch; denn wie er über mich gesiegt, so triumphiere ich über den Irrtum.

Was die Hauptpunkte der Besprechung angeht, so erkenne ich eine Vorsehung an, gebe mich hinsichtlich der Gottheit gefangen und gestehe auch die Reinheit der Religion zu, die ich jetzt auch die meinige nenne. Doch habe ich noch einiges auf dem Herzen, das zwar nicht der Wahrheit widerstreitet, aber zu einer vollkommenen

*Belehrung notwendig ist. Aber die Sonne neigt sich be-
reits zum Untergang; wir wollen deshalb morgen dar-
über weiter reden. Es wird uns dies leichter gehen, da
wir ja in der Hauptsache einig sind.“*

„Meine Freude", fiel ich ein, „ist noch größer, sie
umfaßt uns alle drei; denn auch für mich hat Octavius
den Sieg davongetragen, da er mir die peinliche Auf-
gabe eines Schiedsrichters erspart hat. Doch ich kann
mit Worten sein Verdienst nicht nach Gebühr preisen.
Das Zeugnis eines Menschen, zumal eines einzigen
Menschen, hat wenig Kraft. Er besitzt eine ausge-
zeichnete Gabe Gottes, dessen Geist ihn bei seiner
Rede erfüllt und dessen Beistand ihm den Sieg ver-
schafft hat."

Nun gingen wir froh von dannen, Caecilius darüber, daß er
gläubig geworden, Octavius, daß er gesiegt, ich über den
Glauben des einen und den Sieg des andern.

Addendum

Briefwechsel des Kaisers Trajan mit Plinius

Der kleinasiatische Statthalter Gajus Plinius an den Kaiser Trajanus:

„Es ist meine Gewohnheit, Gebieter, über alles an Dich zu berichten, worüber ich im Zweifel bin. Denn wer könnte meine Unsicherheit besser lenken oder meine Unerfahrenheit besser unterweisen?

Untersuchungen über Christen habe ich niemals beigewohnt; daher weiß ich nicht, worauf und wie weit sich die Bestrafung oder die Untersuchung erstreckt. Auch bin ich einigermaßen in Ungewissheit, ob das Alter einen Unterschied ausmachen soll, oder ob die, die im zartesten Lebensalter stehen, ganz ebenso behandelt werden sollen wie die Stärkeren, ob der Reue Verzeihung gewährt werden soll, oder ob es dem, der einmal Christ gewesen ist, nicht helfen soll, wenn er aufgehört hat, es zu sein. Endlich, ob der Name (Christ) an und für sich bestraft werden soll, auch wenn kein Verbrechen vorliegt, oder ob nur die an diesem Namen haftenden Verbrechen bestraft werden sollen. Einstweilen bin ich mit denen, die mir als Christen angezeigt wurden, folgendermaßen verfahren: Ich fragte sie, ob sie Christen wären. Bekannten sie es, so wiederholte ich die Frage zum zweiten und dritten Mal, und zwar unter Androhung der Todesstrafe. Blieben sie dabei, so ließ ich sie zum Tode abführen; denn ich konnte nicht daran zweifeln, daß jedenfalls ihre Hartnäckigkeit und Halsstarrigkeit bestraft werden müßte, wie auch immer das sein wolle, was sie bekannten. Den gleichen Wahnsinn wie die anderen trugen einige römische Bürger zur Schau, die ich zur Überführung nach der Hauptstadt vorgemerkt habe. Wie es meist geschieht, breitete sich durch die gerichtliche Untersuchung das Verbrechen weiter aus. Es kamen mehrere Besonderheiten vor. Ohne Bezeichnung des Angebers wurde eine Anklageschrift vorgelegt, die viele Namen enthielt. Die, welche leugneten, Christen zu sein oder es gewesen zu sein, glaubte ich frei lassen zu sollen, wenn sie nach meinem Beispiel die Götter anriefen und bei Deinem Bilde, das ich hierfür mit den Götterbildern herbeischaffen ließ, Weihrauch und Wein darbrachten und außerdem Christus lästerten. Zu diesen Handlungen sollen sich die, welche wirklich Christen sind, unter keinen Umständen zwingen lassen. Andere, die von einem Angeber mit Namen genannt waren, sagten aus, daß sie Christen wären, leugneten es aber bald wieder; sie wären es zwar gewesen, seien es aber, einige seit drei Jahren, andere seit noch mehr Jahren, nicht mehr, manche sogar seit zwanzig Jahren nicht mehr. Sie alle haben Deinem Bild und den Bildern der Götter Verehrung erwiesen und Christus verflucht. Sie versicherten aber, ihre ganze Schuld oder Verwirrung habe darin bestanden, daß es ihr Brauch gewesen sei, an einem bestimmten Tage vor Sonnenaufgang zusammenzukommen, um Christus gleich wie einem Gott im Wechselgesang miteinander ein Lied anzustimmen. Dabei hätten sie sich durch einen Fahneneid verbunden, nicht zu ir-

gendeinem Verbrechen, sondern nur dazu verpflichtet, keinen Diebstahl, keinen Raub, keinen Ehebruch zu begehen, ihr Wort nicht zu brechen und um anvertrautes Gut, wenn es zurückgefordert werde, nicht zu streiten. Hierauf wären sie nach ihrem Brauch auseinander gegangen und wieder zusammengekommen, um miteinander ein gewöhnliches und harmloses Essen einzunehmen. Aber selbst das hätten sie seit meinem Erlaß nicht mehr getan, in dem ich nach Deinen Androhungen die geschlossenen Vereine verboten hatte. Um so mehr hielt ich es für notwendig, aus zwei Mädchen, welche dienende genannt wurden, schließlich durch Folter in Erfahrung zu bringen, was die Wahrheit wäre. Ich habe nichts anderes gefunden als einen verkehrten, maßlosen Aberglauben. So habe ich denn die Untersuchung vertagt und wende mich nun an Dich um Rat. Die Sache scheint mir einer Anfrage wert, besonders wegen der großen Zahl der Gefährdeten. Denn viele aus jeder Altersstufe, aus jedem Stand und aus beiderlei Geschlecht stehen bereits in Gefahr, und viele werden noch in Gefahr geraten. Und nicht nur in den Städten, auch in den Dörfern und über das flache Land hin hat sich die Ansteckung dieses Aberglaubens ausgebreitet; aber noch scheint es mir möglich, ihr Halt zu gebieten und abzuhelfen. So viel steht fest, daß man wieder angefangen hat, die schönen, fast verödeten Tempel von neuem zu besuchen, die lange Zeit unterlassenen feierlichen Opfer von neuem aufzunehmen und den Unterhalt für die Opfertiere wieder in Umsatz zu bringen, wofür sich bisher selten Nachfrage fand. Hieraus kann man wohl ersehen, *eine wie große Schar von Menschen wieder auf bessere Wege gebracht werden können, wenn man ihnen die Möglichkeit zur Reue gibt. "*

Trajan an Plinius:

„Du hast, Plinius Secundus, bei der Untersuchung in der Sache derer, die dir als Christen angezeigt waren, das richtige Verfahren befolgt. Denn es läßt sich im allgemeinen eine feste Norm nicht feststellen. Aufzuspüren sind sie nicht. Wenn wie zur Anzeige gebracht und als schuldig überführt werden, sind sie zu bestrafen. Jedoch soll hierbei auf Grund der Reue Verzeihung erlangen, wer es leugnet, daß er Christ ist, und diese Haltung in der Sache selbst augenscheinlich macht, indem er unsern Göttern Verehrung erweist, wenn er für seine Vergangenheit auch noch so verdächtig war. Anklageschreiben, die ohne Angaben des Verfassers beigebracht werden, darf bei keiner Gerichtssache stattgegeben werden; denn das gäbe ein sehr schlechtes Beispiel und wäre unserer Zeit nicht würdig."[182]

---

[182] Briefwechsel des Kaisers Trajan mit Plinius im Jahre 112 n. Chr. Dieses maßgebende erste kaiserliche Aktenstück gegen die Christen wurde von C. F. Arnold „Studien zur Plinianischen Christenverfolgung" 1887 beleuchtet und haben wir dem ebenso maßgebenden Buch „Die ersten Christen", Kap. „Staat, Gesellschaft und Märtyrer", von Eberhard Arnold entnommen, in dem viele historische Schriftstücke aus der Zeit der frühen Christen gesammelt und kommentiert sind. Das Buch, 1926 im Eberhard Arnold Verlag auf Deutsch erschienen, ist mittlerweile beim Plough Verlag kostenfrei in 6 Sprachen erhältlich (s. Buchempfehlung nächste Seite).

Buchempfehlungen

Die ersten Christen
Am Anfang war die Liebe
Eberhard Arnold

Wie waren sie wirklich, die Christen der ersten Jahrhunderte, bevor die christliche Kirche zur Institution wurde? Was dachten, fühlten und taten sie?

Eine Antwort darauf geben die ausgewählten Textstücke dieses Sammelbandes. Eberhard Arnold hat alle wesentlichen Originaldokumente der ersten Jahrhunderte durchgesehen, die wichtigsten Teile übersetzt und nach inhaltlichen Schwerpunkten neu geordnet. Vom persönlichen Brief bis zum staatlichen Gerichtsprotokoll, von der Bischofspredigt bis zu den Herrenworten reicht die Bandbreite. Origenes, Tertullian, Polykarp, Clemens von Alexandria, Justin der Märtyrer und Irenäus kommen genauso zu Wort wie die ausgesprochenen Feinde und Gegner dieser ersten Christenheit.

In diesen Schriften lebt der ursprüngliche, dynamische Glaube der Urchristen. Die klare Direktheit ist eine aufrüttelnde Herausforderung für eine eingeschlafene Christenheit.

Erstauflage 1926 Eberhard Arnold Verlag, 452 Seiten

Neuauflage 2012, Plough Publishing House, 196 Seiten, Deutsch

E-Book (PDF) kostenlos erhältlich hier:

https://www.plough.com/de/themen/glaube/die-ersten-christen/die-ersten-christen

Würden die Theologen sich bitte setzen
David Bercot

Als das Christentum noch jung war, lag der Schwerpunkt auf Jesus Christus und Seinem Königreich - nicht auf der Theologie. Am Anfang begriffen die Christen, dass das Wesen des Christentums eine gehorsame Liebes-Glaubens-Beziehung zu Jesus Christus ist. Dies war nicht irgendeine Beziehung, sondern eine Beziehung, die echte Früchte des Königreiches Gottes hervorbrachte.

Doch dann geschah etwas: Theologen übernahmen die Kirche Gottes. Als sie die Macht übernahmen, verlagerte sich der Schwerpunkt von göttlicher Frucht auf »orthodoxe« (rechtgläubige) Theologie. Das Christentum wurde zum Lehrtum.

In diesem provokanten Werk belegt David Bercot anhand vieler konkreter Fallbeispiele wie weit Geschichtsfälschung, falsche Lehren und Desinformation im Christentum verbreitet sind und welche Rolle Theologen, Reformatoren und deren Bibelkommentare dabei spielen. Bercot liefert im Zuge dessen einen kurzweiligen, differenzierten Crashkurs in Kirchengeschichte ab und kommt zu dem Schluss, dass es an der Zeit ist, Jesus Christus endlich wieder durch die Texte der vier biblischen Evangelien sprechen zu lassen, ohne Seine Lehren durch die Leugnungen und die geistige Gymnastik der Theologen zu filtern. Es ist an der Zeit, dass die Kinder des Königreiches Gottes für Christus und das von Ihm gepredigte Evangelium eintreten - und dass die Theologen sich bitte setzen.

Paperback, 212 Seiten, Deutsch, 2022 BoD

ISBN-13: 9783756886531
https://www.bod.de/buchshop/wuerden-die-theologen-
sich-bitte-setzen-david-bercot-9783756886531

Mythologie- und Geschichtslexikon

Dieses Lexikon versteht sich nicht als allumfassendes Werk über Geschichte und Mythologie der Antike, sondern lediglich als Hilfe für die Leser des Dialog Octavius, der nur so wimmelt von historischen Namen und Mythen. Wir haben daher nur jene Namen aufgenommen, die in diesem Buch genannt werden, und deren Hintergründe und Zusammenhänge erklärt. Das breite Wissen von Minucius Felix über diese Dinge können wir damit aber nicht aufwiegen.

Acca Larentia

Röm. Göttin, Amme von Romulus und Remus, Dirne des Herkules
Wie üblich, gibt es auch zu dieser Figur viele widersprechende Sagen und Geschichten. So ist sie einmal die Amme der Zwillinge Romulus und Remus, einmal die gewonnene Dirne des Herkules, der sie dann dem Trutius zur Frau gibt. Einmal wird sie als Göttin genannt, dann wiederum nur als Figur der römischen Sagenwelt.

Admetus

Admetus ist in der griechischen Mythologie der König von Pherai in Thessalian. Er steht in engerer Verbindung mit Apollo, da dieser für eine Zeit lang aus dem Olymp verbannt wurde und Admetus als Hirte dienen musste. Dort half Apollo Admetus auch bei seiner Heirat. Admetus warb um Alkestis, die Tochter des Königs Pelias. Ihr Vater gab sie ihm nur unter der Bedingung, wenn er einen Wagen nach Iolkos lenkt, der von Löwen, Wildschweinen und anderen wilden Tiere gezogen wird. Mithilfe Apollos gelang das.

Alexander der Große

* 356 v. Chr., † 13. 6. 323 v. Chr.
Alexander war der Sohn von Phillip II., dem König Makedoniens und der Olympias von Epirus. Aristoteles war sein Lehrer. 336 v. Chr. ließ er sich in Korinth als Hegemon (Herrscher) eines makedonisch-griechischen Heeres für den Rachefeldzug gegen die Perser ausrufen. 334 v. Chr. besiegte er das Heer des persischen Großkönigs Dareios III in den Schlachten am Graikos. Ein Jahr später griff er Ägypten an und eroberte es 332/31 v. Chr. Dort gründete er

gleich die Stadt Alexandria. Nachdem Dareios auf der Flucht umkam, brannte Alexander den Palast von Persepolis nieder, eroberte die ostiranischen Provinzen, stieß anschließend bis über den Iaxartes (Syrdarja) vor und führte sein Heer 327-325 v. Chr. endlich bis nach Indien. Dort verweigerten die Truppen dann den Weitermarsch und Alexander musste umkehren. Am 13. 6. 323 v. Chr. starb er in Babylon wahrscheinlich an Fleckfieber, aber es werden auch andere Todesursachen erzählt. Er hinterließ das größte Reich in der Geschichte der Alten Welt, in welchem nie die Sonne unterging. Dadurch schaffte er die Anfänge des Welthandels und -verkehrs. Durch die Gründung von mehr als 80 sogenannten Alexandrias wurde die griechische Kultur weit verbreitet. Die Hellenisierung ging allerdings auch stark mit dem Schwert von statten. Das Reich wurde nach Alexanders Tod auf seine 4 Generäle aufgeteilt.

Allia

Allia ist in der antiken Geographie der Name eines kleinen Nebenflusses des Tiber. Der Name des Flusses ist hauptsächlich wegen der Schlacht an der Allia überliefert, bei der die Römer 387 v. Chr. von den Kelten unter Brennus besiegt wurden.

Amphiaraus

Amphiaraus war ein berühmter Seher des Zeus und König von Argos. Er war zudem ein Feldführer, ein Argonaut und ein Jäger des kalydonischen Wildschweines. Zudem soll er Cousin des Kastorschen Brüderpaares gewesen sein. Wegen einer Fehde zwischen den beiden mächtigsten argivischen Königshäusern, wurde Talaos, der Vater des Adrastus, von Amphiaraus getötet, Adrastus floh daraufhin. Nach einer Zeit versöhnten sich Adrastus und Amphiaraus. Um das Band zwischen ihnen zu stärken gab Adrastus dem Amphiaraus seine Schwester Eriphyle zur Frau. Mit ihr hatte er 6 Kinder, darunter Eurydike und Alkmene (Mutter des Herkules). Um zu verhindern, dass sich Adrastus und Amphiaraus jemals wieder so zerstreiten, beschlossen sie, dass von nun an Eriphyle bei allen Streitfällen ein Urteil fällen muss. Dies war das Verhängnis von Amphiaraus, denn als Adrastus einen Feldzug nach Theben plante, sah Amphiaraus seinen eigenen Tot voraus, weshalb er sich an der Teilnahme weigerte. Daraufhin verweigerten auch alle Feldherren die Teilnahme, da Amphiaraus aufgrund seiner Sehergabe „das Auge des Heeres" genannt wurde. Deshalb bestach Adrastus seine Schwester mit einer Halskette, damit sie Amphiaraus dazu brachte mit zu gehen. Es kam dann auch so wie Amphiaraus es sah, doch öffnete Zeus die Erde, sodass Amphiaraus nicht von Menschen getötet wird. An dieser Stelle wurde Amphiaraus später auch als Gott und Orakel verehrt.

Anaxagoras

um 499 v. Chr., † um 428 v. Chr.

Anaxagoras von Klazomenä war einer der letzten großen Philosophen der jonischen Schule. Er kam nach Athen und verbrachte dort eine lange Zeit mit Perikles, welcher ein führender Mann in Athen war. Anaxagoras stand Perikles nahe, gerade dadurch, dass er dessen Lehrer und Berater war. Als der Philosoph nach Athen kam, brachte er die ionische Lehre mit. So bezeichnete er Gott als den ordnenden und sich bewegenden unendlichen Geist

Anaximenes

um 585 v. Chr., † 528 - 524 v. Chr.

Anaximenes war ein griechischer Philosoph und Astronom. Er glaubte daran, dass aus der Luft alles entstehe. Auch glaubte er, das Göttliche kommt aus oder ist die Luft.

Äneas

Röm./Griech. Halbgott.

Sohn des Anchises und der Aphrodite. Äneas ist eine Figur der griechischen Mythologie und kommt auch bei den Römern vor. Er ist der Sohn des „schönen Königs von Dardanos", dessen Reich nahe Trojas liegt. Somit kämpfte er auf der Seite Trojas im trojanischen Krieg und gilt als der Tapferste nach Hektor auf Seiten Trojas. Er soll auch durch Hera auf Irrfahrten gekommen sein, weswegen er nach Karthago kam, wo er auf Dido traf, welche sich in ihn verliebte und nach ihrer Trennung Suizid beging. Äneas soll ein Vorfahre des Mars und somit auch der Zwillinge Romulus und Remus sein, weshalb er ebenfalls als Stammvater Roms gesehen wurde. Später wurde er in den Olymp aufgenommen.

Antisthenes von Athen

* um 445 v. Chr. ,† um 366 v. Chr.

Antisthenes war griech. Philosoph, Sokratiker und Begründer sowie Hauptvertreter der Lehre des Kynismus. Dies ist eine philosophische Richtung, welche ihre Schwerpunkte auf ethischem Skeptizismus und Bedürfnislosigkeit setzt. So wurde nur die Tugend der Selbstgenügsamkeit als gut anerkannt. Der Name leitet sich vom Ringplatz vor Athens Vorstadt Kynosarges ab. Das Wort Zynismus leitet sich von Kynismus ab, soll aber mit unserer heutigen Verwendung nichts mehr gemein haben. Antisthenes war Begründer der Schule der Kyniker. Er behauptete aber auch, dass es viele Volksgötter gebe, aber nur einen über allen stehenden Naturgott.

Antonius Julianus

1. Jh. n. Chr.

Marcus Antonius Julianus war der 8. Prokurator, ein bestimmter Beamter, der für die finanziellen Angelegenheiten einer Provinz zuständig ist, von Judäa von 66 bis 77, während der Zeit des ersten jüdisch-römischen Krieges. Die von Octavius erwähnten Schriften sind uns nicht mehr erhalten. Die Aufzeichnungen von Flavius Josephus sind die einzigen über diese Zeit, welche uns erhalten sind.

Anubis

Ägypt. Gott d. Einbalsamierung, Totenbeschützer, Helfer Osiris.
Auch bekannt als Inpu, Anpu.
Attribute: Hundskopf, Schakal und Geißel.

Wer die Eltern von Anubis sind, kommt ganz auf die Geschichte an. Nach dem Osiris-Mythos war er Ergebnis eines Seitensprungs von Osiris und Nephthys. Andere sagen, er war das Kind von Seth und Nephthys. Jedenfalls hatte er im alten Ägypten mehr Bedeutung als Osiris. Er war es, der die Toten geleitete, für ihre Einbalsamierung zuständig war, und ihr Herz auf die Waagschale legte, um zu sehen ob es gleich viel wog wie die Feder der Maat - diese stellt die Gerechtigkeit und Ordnung dar. Im Osiris-Mythos ist er der Gott, welcher auf Isis aufpasst und ihr hilft. Das ist ein Grund warum er ein Schakal ist, da er der Isis treu bei Seite steht, wie ein Hund. Bei einer Version, half er Isis ihren Sohn Horus zu finden.

Apis

Altägyptischer Fruchtbarkeitsgott.
Auch bekannt als Hep, Heiliger Stier von Memphis.
Attribut: Stier.
Sohn des Ptah und einer jungfräulichen Kuh. Ursprünglich war er ein Fruchtbarkeitsgott, doch wurde er früh schon mit Ptah verbunden und galt als seine Manifestation auf Erden oder als sein Sohn oder Herold. Diese Gottheit ist eigentlich ein Stier und auch als Apis-Stier bekannt. In ihm vereinten sich die Zeugungskraft eines Stieres und die schöpferische Kraft Pathos, weshalb die Kraft des Pharaos mit Apis gleichgesetzt wurde. Man sieht ihn oft auf Abbildungen mit dem Pharao. In Memphis wurde er verehrt, wobei es einen lebendigen Apis-Stier gab, welcher seinen eigenen Kuh-Harem in der Kultstätte hatte. Starb dieser Stier, war die Trauer beim Volk so groß wie über den Tod ihres Pharaos. Man sagt, dass der Apis-Stier in seinem 25. Lebensjahr feierlich getötet wurde. Sein Kadaver wurde dann von den Priestern einbalsamiert und er wurde bestattet. Nach seinem Tot verschmolz Apis mit Osiris zu Apis-Osiris oder Osirisapis. In hellenistischer Zeit entstand daraus der anthropomorphe Serapis.

Apollon

Olympischer Gott des Lichts, der Jugend, der Dichtung und der Musik, der Weissagung, der Heilkunde, Reinigung und der Sühnung, Schutzherr der Musen, der Herden, der Schifffahrt.
Auch bekannt als röm. Apollo oder Apoll, ägypt. Horus.
Attribute: Pfeil und Bogen, Köcher.
Sohn des Zeus und der Leto. Apollon ist der Gott, welcher das Orakel von Delphi, den bekanntesten heiligen Ort Griechenlands, erbaute. Deshalb wird Apollo auch der Delphische genannt. Er wurde von Zeus bestraft, sodass er eine Zeitlang der Diener des Königs Admetus und dessen Hirte sein musste. Im Trojanischen Krieg unterstützte Apollon Troja. Er brachte die Pest ins Griechische Lager, weil sie die Tochter eines Apollonpriesters gefangen genommen und versklavt hatten. Seine Zwillingsschwester heißt Artemis (röm. Diana), die auch mit Pfeil und Bogen herum läuft.

Aquilius, Manius

Im 2. Jh v. Chr., † 88 v. Chr.

Aquilius war ein römischer Politiker der den zweiten Sklavenkrieg auf Sizilien beendete. Er hetzte später zum Krieg gegen König Mithridates VI. von Pontos, unterlag diesem und wurde von diesem hingerichtet. Mithridates stieß persönlich gegen Aquilius vor. Aquilius wurde von dem König grausam behandelt, da der König ihn als den Kriegstreiber sah. Er wurde durch die kleinasiatischen Städte geschleppt, auf einen Esel gefesselt den Zuschauer präsentiert, in einen Käfig gesperrt und schließlich in Pergamon auf Mithridates Befehl hin, getötet. Die Hinrichtung erfolgte folgendermaßen: Der König ließ Aquilius geschmolzenes Gold in den Mund gießen, was die unersättliche Gier der Römer nach Gold darstellte.

Ariston von Chios

Um 250 v. Chr.

Ariston von Chios war ein griechischer Philosoph und Schüler des Zenon von Kition. Er gehörte dadurch zu den Begründern der stoischen Philosophie.

Aristoteles

* um 384 v. Chr. † um 322 v. Chr.

Aristoteles ist ein bekannter griechischer Philosoph und Universalgelehrter. Er hinterließ uns Werke, die vor allem Logik, Politik, Metaphysik, Naturphilosophie, Ethik, Psychologie, Poesie und Kunsttheorie umfassen. Er war ein Schüler Platons und Lehrer von Alexander dem Großen. Aristoteles begründete auch eine eigene philosophische Schule, die Peripatetische Schule. Er war der größte Systematiker der abendländischen Geistesgeschichte. Seine Begriffsbildung beherrscht die Philosophie bis zur Gegenwart.

Arkesilaos

* um 315 v. Chr., † 241/40 v. Chr.

Arkesilaos war ein griechischer Philosoph. Er leitete Jahrzehnte lang als Scholarch, so nennt man einen Leiter einer höheren Bildungseinrichtung, die Platonische Akademie. Doch anstatt sie weiter zu führen gab er ihr eine neue Ausrichtung. Mit ihm begann die zweite Phase in der Geschichte der Akademie. Er bringt den Skeptizismus hinein: Untreu den Überlieferungen von Sokrates und Platon (für die der Zweifel der Anfang und nicht das Ende der Wissenschaft war) behauptete Arkesilaos, dass der Mensch nicht zur Gewißheit kommen kann und deshalb im Zweifel bleiben muß.

Äskulap

Zunächst Halbgott, später Griechischer Gott der Heilkunst.
Auch bekannt als Aesculap, Äsculap, Asklepios, Asklepius.
Attribute: Schlange (Äskulapnatter) und Lorbeeren.

Sohn des Gottes Apollo und der sterblichen Koronis. Äskulap war ein Halbgott, der sich sehr mit der Heilkunst betraut machte. So fand er eines Tages sogar ein Mittel, welches Tote wieder auferstehen lässt. Er benutzte es sogleich und erweckte einige Toten zum Leben. Zeus gefiel das gar nicht und so brachte er ihn um. Anschließend wurde Äskulap aber bei den Göttern aufgenommen und von den Menschen als Gottheit verehrt.

Astarte

Semitische Himmelskönigin, Liebes- und Fruchtbarkeitsgöttin, Göttin der Seefahrt, Kriegsgöttin.
Attribute: Schlange, pralle Brüste.

Tochter des Ptah. Im semitischen Gebiet nannte man sie Astarte, die Griechen hatten die Aphrodite, die Römer die Venus, die Babylonier nannten sie Ischtar und vermählten sie mit einem ihrer Hauptgötter Anu. Astarte kommt oft in der Bibel vor. Ihr erbaute Salomon einige Tempel aus Liebe zu seinen ausländischen Frauen. Die Israeliten verfielen wiederholt dem Astartekult, inklusive allen damit verbundenen unzüchtigen Praktiken wie zum Beispiel Tempelprostitution.

Augurien

Die Augurien bzw. Auguren teilten durch die Vogelschau den Menschen mit, ob die Götter ihre Unternehmungen und Vorhaben unterstützen und gut heißen. Diese Leute waren Beamte im römischen Reich.

Auspizien

Begriff für die Vogelschau. Die Augurien betrieben Auspizien.

Bel

Babylon. Hauptgott, Stadtgott, höchster Gott des Götterhimmels.
Auch bekannt als Marduk, Hebr. Merodach.

Sohn des Ea. Hauptgott der Chaldäer und Schutzgott ihrer stolzen Hauptstadt Babylon. Zusammen mit Anu und Enki ist Bel der höchste Gott des Babylonischen Götterhimmels. Er steckt auch im Wort BaBel, das ein anderer Name für Babylon ist. Bel wird in der Bibel öfters erwähnt. Einerseits in den Prophetenbüchern Jesaja und Jeremia, die den Untergang Babylons und damit den Fall Bels prophezeien, und andererseits in den Daniel Schriften, die von der Zeit der Juden während ihrer babylonischen Gefangenschaft berichten. Eine dieser Schriften, Bel Kai Drakon („Bel und Drache"), schildert wie der König von Babylon und alle Babylonier ihrem großen Bel täglich huldigen und Speisen opfern. Der Jude Daniel spottet jedoch über Bel und sagt, dass der kein lebendiger Gott sei, sondern nur ein totes Götzenbild von Menschen gemacht, das weder essen noch trinken könne. Der wütende König verlangt einen Beweis oder Daniels Bestrafung. Daniel kann beweisen, dass nicht Bel die Opferspeisen und Getränke verzehrt, sondern heimlich dessen 70 Priester mit ihren Familien. Der König anerkennt den Beweis, lässt die Priester hinrichten und erlaubt Daniel das Standbild und den Tempel des Bel zu zerstören.

Bellona

Römische Kriegsgöttin.
Auch bekannt als Duellona, griech. Enyo.
Attribute: Helm, Lanze, Schwert.

Bellona, ist einmal die Tochter, dann wieder die Gemahlin, dann wieder die Schwester des Mars. Sie ist eine blutrünstige Gottheit, welche dem Sulla in einer Vision gesagt habe, er sollte seine Feinde rücksichtslos vernichten. Bei Rom, auf dem Marsfeld in der Nähe des Marsaltars, stand ein Tempel ihr zu Ehren. Der Senat empfing hier fremde Gesandtschaften, Feldherren von ihren Triumphzug, aber auch Personen, welche die Stadt nicht betreten durften. Der Kult der Bellona ist mehr als abstoßend. Ihre Anhänger fügen sich in Raserei selbst Wunden zu. Menschenopfer sollen die Göttin zufrieden gestimmt haben. Es ist anzunehmen, dass

Menschenfleisch gegessen wurde, da man 48 v. Chr. bei einer versehentlichen Zerstörung eines Schreins der Bellona Menschenfleisch in Gefäßen fand. Menschenblut wurde auch geschlürft.

Briareus

Urgottheit, Hekatoncheir.
Auch bekannt als Obriareos, Briareos.
Sohn des Uranos und der Gaia. Briareus ist der bekannteste der drei Hekatoncheiren. Er und seine Brüder wurden von Zeus aus dem Tartaros befreit und darauf hin halfen sie Zeus im Kampf gegen die Titanen. Briareus half Zeus aber des öfteren. Als sich einst Hera, Poseidon und Athene gegen ihn verschworen, soll die Meeresnymphe Tethis Briareus zur Hilfe gerufen haben. Diese furchterregende Urgestalt soll sich einfach nur neben Zeus gesetzt haben und die Verschwörung scheiterte.

Busiris

Busiris war ein ägyptischer König, welcher in der Sage des Herkules als Priester des Osiris auftritt. Dem Osiris opferte er jährlich Menschen. Herkules wurde ebenfalls von ihm gefangen genommen und hätte als Opfer sterben müssen, doch zerriss Herkules die Fesseln und erschlug Busiris mitsamt seinem Sohn.

Caecilius

2. - 3. Jh. n. Chr.
Q. Caecilius Natalis war römischer Anwalt, Berufskollege und Freund von Minucius Felix, dem Autor dieses Buches. Bei einem Spaziergang am Strand der Stadt Ostia geriet Caecilius in ein Wortgefecht mit Octavius, einem anderen Freund, dem dieses Buch gewidmet ist. Caecilius war wie die meisten Römer seiner Zeit den Christen gegenüber argwöhnisch und spöttisch eingestellt. Als Akademiker und Atheist, mit den großen Philosophen bestens vertraut, waren Gläubige in seinen Augen Verblendete ohne wissenschaftliche Bildung, erst recht jene Christen, von denen er nur Abscheulichkeiten dachte. Er beschloss, seinen Freund Octavius, den Christ, von dessen Irrtum zu befreien und mit Argumenten förmlich in der Luft zu zerreissen und verpflichtete Minucius Felix als Schiedsrichter des Disputes, aus dem nur einer als Sieger her-

vorgehen kann. Caecilius erweist sich als harter aber fairer Disputant, der am Ende für eine große Überraschung sorgt.

Cäsar, Gaius Julius

*13. 7. 100 v. Chr.,† 15. 3. 44 v. Chr.

Gaius Julius Cäsar ist wohl die berühmteste Figur der römischen Geschichte. Cäsar war römischer Staatsmann, Feldherr und Autor. Er war ein guter Stratege und gewann deshalb gegen die Gallier und seinen ehemaligen Verbündeten Pompeius im Bürgerkrieg, indem er nicht auf die Auguren hörte sondern den Pompeius in Afrika überraschte. Später jedoch, obwohl von vielen gewarnt (keine Auguren), ging er in den Senat, wo er ermordet wurde.

Cassius

2. Jh. v. Chr.

Lucius Cassius Hemina war ein römischer Geschichtsschreiber.

Centauren

Mythische Wesen.

Auch bekannt als Zentauren, Kentauren.

König Ixion liebte die Tochter des Königs Deioneus. Deioneus allerdings verlangte einen hohen Brautpreis. Ixion willigte ein, doch als die Hochzeit geschehen war und Deioneus den Preis verlangte, meinte Ixion frech, er habe es sich anders überlegt. Die Götter, welche das sahen, erzürnten. Doch bot Ixion ein Versöhnungsessen in seinem Palast an, welches der Schwiegervater annahm. Als dieser dann im Palast ankam, stieß Ixion ihn in eine mit glühenden Kohlen gefüllte Grube, sodass Deioneus starb. Nun wollten alle Götter Ixion dafür bestrafen, doch Zeus hatte Mitleid mit ihm und lud ihn sogar auf den Olymp ein. Dort betrank dieser sich und fing an, sich an Hera ranzumachen. Zeus, der das sah, nahm eine Wolke, gab ihr die Gestalt von Hera, und gab sie Ixion. Dieser, von Lust und Leidenschaft getrieben, nahm die Attrappe, küsste sie und ging zu ihr ein. Aus dieser Vereinigung entstanden die Centauren.

Christus

Griech. Χριστός (Christos) heißt auf Deutsch „Gesalbter", ist der Herrschaftstitel von Jesus Christus und Namensgeber der Christen.

Ceres

Röm. Göttin des Ackerbaus, der Erde, und der Fruchtbarkeit.
Auch bekannt als griech. Demeter; ägypt. Isis, Panis.
Attribute: Fackel, Früchte, Schlange, Ährenkranz/garbe, Ameise.
Tochter des Saturn und der Ops. Ceres hat mit dem obersten Gott Jupiter eine Tochter namens Proserpina, genau wie die griechische Demeter mit dem Zeus die Persephone. Auch die römische Geschichte der Tochter gleicht der griechischen. Genau wie Persephone von Hades, wurde Proserpina von Pluto entführt, wobei die jeweilige Mutter nichts davon weiß und ihre Tochter verzweifelt Tag und Nacht mit einer Fackel sucht, die deswegen eines ihrer Symbole wurde. Ceres bildet gemeinsam mit ihrer Tochter Proserpina, die auch Libera genannt wird, und dem Gott Liber eine Götterdreiheit (Trias), die gemeinsam verehrt wurde.

Chimära

Mythisches Wesen.
Auch bekannt als Chimaira, Chimäre.
Tochter des Typhon und der Echidna. Die Chimära war ein mythisches Wesen der griechischen Mythologie. Sie war ein feuerspeiendes Mischwesen, welches vorne ein Löwe, in der Mitte eine Ziege und am Schwanz eine Schlange war. Das Ungeheuer wurde, auf Verlangen von König Iobates, durch Bellerophon, einem Enkel des berühmten Sisyphus, erlegt. Bellerophon bekam Hilfe von Poseidon. Dieser stellte ihm nämlich Pegasus, ein geflügeltes Pferd, zur Verfügung. Somit konnte er aus der Luft einen Bleiklumpen in den feurigen Rachen des Ungeheuers werfen, welcher schmolz und anschließend dessen Atemwege verstopfte.

Chrysippus von Soli

* 281/78 v. Chr., † um 205 v. Chr.
Chrysippus war griech. Philosoph und Zenons Schüler. Er war der zweite Begründer der Stoa und dritter Leiter der stoischen Schule.

Cirtenser

Menschen aus der Stadt Cirta in Numidien; siehe Fronto.

Cloacina

Römische Göttin der Reinheit.

Auch bekannt als Venus Cloacina.

Cloacina wurde später der Venus hinzugefügt, weswegen es den Namen Venus Cloacina gibt. Ihr Heiligtum befand sich auf den Forum Romanum. Angeblich sollen die Sabiner und die Römer nach der Niederlegung ihrer Waffen, auf ihrem Heiligtum eine Reinigungszeremonie durchgeführt haben.

Clodius

† 18. 1. 52 v. Chr.

Publius Clodius Pulcher war ein Politiker in der späten römischen Republik. Er war machtgierig, weswegen er selber die öffentliche Ruhe Roms des öfteren durch bewaffnete Gruppen störte. Er starb in einer Schlacht gegen den Römer Titus Annius Milo.

Consus

Röm. Gott der eingebrachten Ernte, Schutzgott des Getreides.

Gleich wie die eingebrachte Ernte unterirdisch gelagert wurde, war sein Altar unterirdisch. Der Sage nach gab er Romulus den Rat zum Raub der Sabinerinnen, welche während der Consualien, das waren die Feste zu Ehren von Consus, geraubt wurden.

Crassus, Marcus Licinius

* 115/114 v. Chr., † 53 v. Chr.

Marcus Licinius Crassus war ein Politiker der späten römischen Republik. Er war für seinen Reichtum bekannt. Auf sein Vermögen gestützt, versuchte er, zeitweilig im Bund mit Cäsar und Pompeius, sich eine führende Stellung zu verschaffen. Auch militärisch wollte Crassus sich Kriegsruhm und vor allem Heeresclientel (Das war eine gesellschaftliche Schicht der Legionäre und Veteranen, welche in einem besonderen Loyalitätsverhältnis zu einem bestimmten Feldherrn standen. Diese bekamen von ihm Ackerland und wurden versorgt. Dafür unterstützten sie ihn politisch und militärisch.) erringen, die ihm im Gegensatz zu seinen Partnern abgingen. So zog er gegen die Parther in den Krieg und beendete damit eine Ruhephase zwischen Rom und dem Partherreich. Doch nicht nur damit schadete er Rom, sondern auch durch seine verheerende Niederlage. So starben nicht nur 30.000 von 40.000 Mann, es wurden auch noch römische Feldzeichen gestohlen, was für Rom eine sehr große Schmach darstellte. Endlich wurde Crassus vom parthischen Feldherrn Serenas während Kapitulationsverhandlungen geköpft.

Cybele

Phrygische Naturgottheit, Göttin der Fruchtbarkeit.
Auch bekannt als die große Göttermutter, große Mutter, Kybele.
Cybele ist eine aus Phrygien stammende Naturgottheit, die als Herrin über alle Lebewesen Fruchtbarkeit schenkt. Sie wurde als „Große Mutter" verehrt. Ihr Gefolge sind die Korybanten. Cybele verstümmelte ihren Buhlen, der ihr unglücklicherweise gefiel, den sie jedoch, weil selbst eine alte häßliche - sie war ja die Mutter vieler Götter -, nicht verführen konnte. Daraus ergab sich, dass die Priester der Cybele sich ihr zu Ehren verstümmelten. Die Griechen wandelten diese Verstümmelungsgeschichte für ihre Mythologie ab. Demnach schlief Zeus auf dem Berg Agdos in Phrygien ein und ließ dabei seinen Samen zu Boden fallen. An jener Stelle wuchs sofort der zwitterhafte Agdistis aus dem Felsen empor. Er hatte ein dermaßen furchterregendes Wesen, dass er von den Göttern kastriert wurde. Daraus entstanden zwei Personen: Cybele aus dem entmannten Körper und Attis aus den abgetrennten Genitalien. So entstand der griechische Cybele-Attis Kult.

Decier

Die Decier sind ein Plebejergeschlecht.

Demokrit von Abdera

* um 460 v. Chr., † um *370 v. Chr.
Auch bekannt als Democritus, Demokritus.
Der Vorsokratiker Demokrit war ein griechischer Philosoph. Er hielt sich eine Zeit lang in Babylon auf, wodurch er geprägt worden war. Er erfand die Atomlehre mit seinem Lehrer Leukipp. Außerdem spricht Demokrit öfters von der Gebilde hervorbringenden Naturkraft und von der Vernunft als Gottheit.

Demosthenes

* um 384 v. Chr., † um 322 v. Chr.

Anfangs war er Anwalt, später politischer Redner und leitender Staatsmann Athens. Als Phillipp II von Makedonien die griechische Freiheit bedrohte, erkannte Demosthenes die Gefahr und warnte seine griechischen Mitbürger immer wieder davor. Seine Bemühungen scheiterten durch den Sieg von Philipps II bei Caironeia. Athen schickte eine Gesandtschaft aus, darunter Demosthenes, sie schloss Frieden mit Phillip II. Doch dann schmiedete Demosthenes ein Bündnis gegen Phillip II. Nach der Thronbesteigung Alexanders d. Gr. verlor er seine führende Stellung. Als nach dem Tod von Alexander eine makedonische Besatzung nach Athen kam nahm er Gift. Seine kunstvollen Reden ließen ihn zum großen Stilvorbild späterer Rednergenerationen werden.

Diagoras von Melos

* um 475 v. Chr., † 410 v. Chr.

Diagoras war ein griechischer Sophist und Lyriker, welcher anfangs religiöse Werke schrieb, später jedoch Atheist wurde. Schließlich griff er in seinen Reden den Kult der Demeter und der Kore in Eleusis an, woraufhin er wegen Gottlosigkeit zum Tode verurteilt wurde. Durch Freunde konnte er nach Korinth fliehen.

Diana

Römische Göttin der Jagd, des Lichts, des Mondes und der Geburt, Beschützerin der Frauen und Mädchen.

Auch bekannt als griech. Artemis, Ägypt. Bastet, Röm. Iana, Deana, Divivana.

Attribute: Bogen und Fackel.

Tochter des Jupiter und der Latona. Diana haben sie die Römer genannt, die Griechen nannten sie Artemis. Sie ist die Zwillingsschwester des Apollo. Mit dem Namen Diana Trivia ist nicht diese Göttin gemeint, sondern die Göttin Hecata (griech. Hekate).

Diana Trivia

Röm. Göttin der Wegkreuzung und Jagd, der Magie und der Nekromantie (Totenbeschwörung).
Auch bekannt als Hecata, griech. Hekate.
Attribute: Dreigestalt, Fackel, Dolch, Schlüssel.
Tochter des Perses und der Asteria. Der Name Diana Trivia ist wohl eine Zusammenfügung. So ist in der Griechischen Mythologie vermerkt, dass sie keinen festen Platz im Pantheon fand, da ihre Rolle in Konflikten mit bereits bestehenden Gottheiten stand, besonders mit Artemis. Generell stehen sich diese beiden Göttinnen nahe. Im Mittelalter wurde Diana Trivia zur Schutzgöttin der Hexen. Sie war die Hauptgöttin der Stadt Latina, wo sie auch einen Tempel hatte, ansonsten wurde sie bei den Eingängen von Artemis, Demeter, Persephone und Selene verehrt. Man fand auch auf Wegkreuzungen ihre Statuen. Diese hatten drei Köpfe und mehrere Hände. Die Dreigestalt ist für sie charakteristisch.

Diodorus von Sizilien

1. Jh. v. Chr.
Diodorus auch Diodor genannt, war ein antiker griechischer Geschichtsschreiber des späten Hellenismus. Er hat eine Weltgeschichte mit dem Titel „Historische Bibliothek" verfaßt. Es ist eine Universalgeschichte in 40 Büchern, von denen uns aber nicht mehr alle erhalten sind.

Diogenes von Apollonia

* um 499 v. Chr., † um 428 v. Chr.
Diogenes von Apollonia war ein antiker griechischer Philosoph und Arzt. Gleich wie sein Lehrer Anaximenes hielt er die Luft für den Grundstoff der Welt. So wird er als Anhänger der ionischen Naturphilosophie gezählt.

Diogenes von Babylon

* um 240 v. Chr., † um 150 v. Chr.
Diogenes aus Babylon, war ein griechischer Philosoph und der wichtigste Leiter der stoischen Schule nach Chrysippus von Soli. Er wird deshalb Diogenes der Babylonier genannt, da sein Her-

kunftsland Babylonien ist. Seine Heimatstadt war Seleukeia am Tigris, weshalb er auch Diogenes von Seleukeia genannt wird.

Ennius

um 239 v. Chr., † um 169 v. Chr.

Quintus Ennius war ein Schriftsteller der Römischen Republik. Seine Erziehung half ihn ungemein, da dieser dreisprachig aufwuchs (Lateinisch, Griechisch und Oskisch). Aufgrund seines großen Einflusses u.a. bei der Übertragung der griechischen Literatur auf die lateinische, wird er des Öfteren als Vater der römischen Poesie bezeichnet.

Epikurus

um 341 v. Chr., † um 270 v. Chr.

Auch bekannt als Epikur, Epikouros.

Epikur von Samos war ein griechischer Philosoph. Er gründete 306 v.Chr. eine Schule in Athen. Epikur schloß sich zwar Demokrit in der Naturphilosophie an, doch in der Philosophie an sich hatte er seine eigene Richtung begründet: den Epikureismus. Es ging ihm um Ethik. So war Philosophie für ihn vor allem eine Anleitung zur rechten Lebensführung. Das ist auch bis jetzt recht ähnlich zu allen anderen Richtungen der Philosophie. Der Unterschied besteht darin, dass die Epikureer die Lust als höchstes Gut ansahen. Sie setzten die Lust mit der Eudaimonie gleich. Eudaimoie bezeichnet eine gelungene Lebensführung nach den Anforderungen und Grundsätzen einer philosophischen Ethik und den damit verbundenen ausgeglichenen Gemütszustand. Allerdings ist mit Lust nicht das intensive und sinnliche Vergnügen gemeint, sondern Schmerzlosigkeit und vollkommener innerer Frieden. Er versteht auch die Tugenden nicht als Werte, sondern nur als Mittel um zur Lust zu gelangen. Das begründet er auf die Beobachtung der Gerechten mit den Ungerechten, denn während die Gerechten sich eines größeren Seelenfriedens erfreuten, sind die Ungerechten von innerem Unfrieden erfüllt. Großes Gewicht legt Epikur auf nüchterne Überlegungen und auf die Überwindung der Furcht durch Einsicht. So ist die Furcht vor dem unvorhersehbaren Eingreifen der Götter zu überwinden, die nach Epikurus kein Interesse an der Menschenwelt haben und dadurch nicht eingreifen, auch wenn man ihnen huldigt und opfert. Dadurch gibt es keine göttliche Vorsehung. Das muss auch Octavius gemeint haben als er sprach: Auch der bekannte Epikurus, der sich die Götter entweder müßig oder nichtbestehend denkt, setzt doch die Naturkraft über sie.

Epona

Keltische und Römische Göttin der Pferde, Schutzgöttin der Pferdeställe und der Nutztiere.
Auch bekannt als Epana, Regani.
Attribute: Pferde und Nutztiere.
Die keltische Gottheit wurde einfach so von den Römern übernommen, ohne irgendeine Interpretation. Die Römer, welche in Gallien kämpften, kamen in Berührung mit ihr und so kam sie immer mehr in die römische Mythologie. Ihr zu Ehren wurden schließlich ganze Feste gefeiert, wo man Pferde, Esel u.a. Nutztiere schmückte und auch opferte.

Erigone

Erigone war die Tochter des Ikarius, welcher von Dionysos den Weinbau gelehrt bekam, als Dank wegen seiner Gastfreundschaft. Der attische Bauer Ikarius bekam dann den Auftrag sein Wissen überall zu verbreiten, doch wurde er von Bauern, die das neue berauschende Getränk, den Wein, für ein Gift hielten, ermordet. Erigone fand mit der Hilfe ihrer Hündin Maira, den Leichnam ihres Vater, worauf sie sich erhängte. Darauf brach in Athen eine Wahnsinnsepidemie aus, die dazu führte, dass junge Athenerinnen sich erhängten. Das Orakel von Delphi riet den Athener Ikarius und Erigone jährlich zu opfern. Die Götter versetzten zudem Ikarius, Erigone und die Hündin Maria unter die Sterne. Erigone war von nun an das Sternbild Jungfrau.

Euhemerus von Messina

4. Jh. v. Chr.
Euhemerus von Messina erklärte die Götter für vergöttlichte Menschen. Der nach ihm benannte Euhemerismus klang in der heidnischen und christlichen Literatur lange nach.

Febris

Römische Göttin des Fiebers.

Febris war die Göttin des Fiebers, auch Malaria, und hatte deshalb mehrere Tempel, da Rom öfters von Malaria heimgesucht wurde. Einen alten Tempel hatte sie auf dem Palatin, zwei weitere hatte sie auf dem Quirinal. Beliebt waren außerdem Amulette, welche von denen getragen wurden, welche ein schweres Fieber überlebt hatten.

Flavius Josephus

* um 37/38 n. Chr., † um 100 n. Chr.

Er war ein jüdisch-hellenistischer Historiker. Er schrieb nach der Zerstörung Jerusalems in Rom die Geschichte des jüdischen Krieges in 7 Büchern und eine jüdische Archäologie in 20 Büchern.

Flora

Römische Göttin der Blumen, der Gärten und des Frühlings.

Auch bekannt als Flora mater, griech. Nymphe Chloris.

Attribute: Blumen.

Mythologisch ist ihre Einordnung nicht ganz einfach. Ovid erklärt, dass Flora ursprünglich den Namen Chloris gehabt hätte. Von dieser gleichnamigen Nymphe färben alsdann auch deren Abenteuer auf Flora ab; besonders das Werben des Windes Zephyros. Flora soll zudem Juno durch eine Blume befruchtet haben, aus der Mars entsprossen sei. Bei ihren Festen wurde ihr mittels Blumen, Schaustellern, frivoler Ausgelassenheit durch Tänzerinnen in Entkleidungsszenen und Wettrennen mit Hasen und Ziegen gehuldigt. In diesem Zusammenhang wird sie als Dirne überliefert."

Flaminius

* 280 - 275 v. Chr., † 217 v. Chr.

Gaius Flaminius war ein römischer Staatsmann und galt als führender Vorkämpfer der Plebejer innerhalb der Nobilität. Er stellt eine eigensinnige, sehr ehrgeizige Figur dar, da er, obwohl von den Augurien gewarnt, in die Schlacht gegen Hannibal am Trasimenischen See trat und dort dann auch starb.

Fronto, Marcus Cornelius

* um 100 n. Chr., † um 170 n. Chr.

Marcus Cornelius Fronto, geboren in Cirta in Numidien, war Rhetoriker und Anwalt, welcher hohes Ansehen in Rom genoss. Er war der Lehrer von Kaiser Marc Aurel.

Ganymed

Ganymed war der Sohn des trojanischen Königs Tros und der Kallirrhoë. Er wurde der „Schönste aller Sterblichen" genannt und Zeus liebte ihn. So hat Zeus ihn als Adler auf den Olymp entführt und dort als Mundschenk für die Götter eingesetzt. Dadurch hat er seine Tochter Hebe abgesetzt, was wiederum Hera nicht passte.

Hammon

Ägyptischer Urgott der Fruchtbarkeit und des Krieges, des Windes, Reichsgottheit, Schutzgott der Armen.
Auch bekannt als Amun, Amon, Ammon.
Attribut: Doppelkrone mit Federn.

Amun gehört zu der Achtheit von Hermopolis. Anfangs war er der Gott Thebens, bis er später von Königin Hatschepsut endgültig als Reichsgott etabliert wurde. Mehrere Pharaonen trugen ihn in deren Namen und sein Name wurde als Zusatz benutzt. Er wurde für so ziemlich alles angerufen.

Heraklides von Pontus

* um 390 v. Chr., † um 322 v. Chr.

Heraklides von Pontus war ein griechischer Philosoph, Schüler von Platon und Aristoteles. Dieser ist der Begründer und erster Vertreter der heliozentrischen Weltanschauung.

Herkules

Griechischer Halbgott.
Auch bekannt als Hercules, griech. Herakles.
Attribute: Pfeil und Bogen, Keule und das Fell des Nemeischen Löwen.

Sohn des Zeus und der Alkmene. Herkules zählt wohl zu den größten Helden der griechischen Mythologie, durch seine außergewöhnliche Kraft. Als Baby erwürgte er zwei Schlangen, welche die ihm stets feindlich gesinnte Hera schickte, um ihn zu töten. Seinen Vater Zeus verhalf er in der Gigantomachie zum Sieg. Er war verheiratet mit Megara, die er mit seinen Kindern in einem von Hera geschickten Wahnsinnsanfall erschlug. Deswegen wurden ihm 12 Aufgaben von König Eurystheus auferlegt. Seine zweite Gattin Deïanira gab ihm ein vergiftetes Gewand, das sie als Liebeszauber von dem Centauren Nessos erhalten hatte. Herkules legte das „Nessusgewand" am Öta, einem Gebirge in Griechenland, an und verbrannte, so dass er nach unerträglichen Qualen auf seine eigene Bitte hin von Zeus in den Olymp entrückt und somit unter die Unsterblichen aufgenommen wurde. Dort erhielt er Hebe, die Göttin der Jugend, als Gattin.

Hesiod

Um 700 v. Chr.

Hesiod war ein griechischer Epiker aus einem böotischem Bauerngeschlechts. Er verfasste u.a. die „Theogonie", welche den Ursprung der Götter und die Weltentstehung darstellt.

Hiero

† 467/66 v. Chr.

Hiero oder auch Hieron I von Syrakus, war ein Tyrann, welcher doch einen Geschmack für Kunst hatte. So zog er mehrere Dichter an seinen Hof, darunter waren Simonides, Eichamts, Äschylos, Bacchylindes und Pindar. Hiero der Tyrann nahm auch 476 v. Chr. an den olympischen Spielen teil und gewann das Wagenrennen.

Homer

8 Jh. v. Chr.

Homer war ein prägender griechischer Dichter und Epiker, welcher als Vorbild aller abendländischen Dichter gilt. Er hat die berühmten Epen wie Ilias - wo der Trojanische Krieg vorkommt - und die Odyssee verfasst und wurde dadurch zu einer historischen Persönlichkeit.

Horus

Ägyptischer Gott des Himmels und Lichts, des Windes und Schutzgott der Pharaonen.

Auch bekannt als Harachte, Haroeris, Harsiese, Harpokrates, Harendotes, Harmachis, Harsomtus, Harpare, Horus Iunmutef, Hor-Behedeti, Horos, Hor.

Attribute: Falkenkopf, Falke.

Sohn des Osiris und der Isis. Der Gott Horus spielt eine wichtige Rolle in der ägyptischen Mythologie, da er selber Pharao war und sich die Pharaonen als „Horus" bezeichneten. Er war der Gott des Himmels, sein rechtes Auge war die Sonne, das linke der Mond, sein geflecktes Brustgefieder die Sterne und mit seinen Flügel entfachte er den Wind. Doch finden sich zu Horus viele Mythen, allein alle oben angeführten Namen (bis auf die letzten zwei), sind Abwandlungen dieser Gottheit.

Hostanes

Hostanes ist ein legendärer persischer Magier und Alchemist. Er begleitete den Xerxes auf seinem Zug gegen die Griechen. In Griechenland soll er dann sein Wissen weitergegen haben. Er schrieb Bücher über die magische Medizin.

Hostilius, Tullus

* um 710 v. Chr.; † 640 v. Chr.

Tullus Hostilius war der dritte König von Rom, ein Enkel der Gemahlin von Romulus, dem Gründer und Namensgeber der Stadt. Er führte u.a. Krieg gegen die Albaner. Nach seinem Sieg über die Städte Veii und Fidenae wurden die Götter Pavor und Pallor in die römische Literatur übernommen. Sie sollten das Entsetzen veranschaulichen, das die Römer beim Abfall der Albaner ergriff. Hostilius errichtete nach dem Sieg ein neues Senatsgebäude, die Curia Hostilia, darin sollte der röm. Senat noch jahrhundertelang tagen.

Hydra

Mythisches Wesen.

Tochter des Typhon und der Echidna. Ihr Name bedeutet so viel wie „Wasserschlange". Das stimmt auch. Sie lebt aber auch am

Land und hat mehrere Köpfe, von denen der mittlere unsterblich ist. Hinzu kommt noch, dass wenn ein Kopf abgeschlagen wird, zwei neue daraus erstehen. Wer könnte gegen sie gewinnen, wenn nicht Herkules? Die Tötung der Hydra gehörte zur zweiten seiner insgesamt zwölf Aufgaben, die König Eurystheus ihm stellte.

Isis

Ägypt. Göttin der Geburt, der Wiedergeburt und des Zaubers. Auch bekannt als Aset.

Attribute: Papyrus-Zepter, Kugehörn und Sonnenscheibe, Thronsitz.

Tochter des Erdgottes Geb und der Himmelsgöttin Nut. Isis wurde von Anbeginn an als „Große Gemahlin des Osiris" verehrt und ist auch dessen Schwester. Sie hatten ein Kind, Horus. Im alten Ägypten meistert diese Gottheit jede Situation, gleich wie hoffnungslos sie sein mag. Somit war sie der Hoffnungsträger der Menschheit. Isis wurde auch weit über die Grenzen Ägyptens verehrt. Die Griechen liebten sie. Gemäß dem Isis-Hymnus und der Osiris-Legende zufolge war sie es, die den ermordeten und zerstückelten Osiris gemeinsam mit ihrer Zwillingsschwester Nephthys aufspürte, wieder zusammenfügte und durch Zaubersprüche, Gebete, Klagen und Litaneien wieder zum Leben erweckte. Aus diesem Grund wurde Isis auch häufig mit Nephthys und Osiris während des Totengerichts abgebildet. Sie gehört zur Enneade, welche die neun ersten Götter von Heliopolis bilden.

Italisch, Italer

Als Italer oder Italiker werden indogermanische antike Völker und Stämme bezeichnet, welche nach Italien einwanderten. Entsprechend werden ihre Sprachen als italische Sprachen zusammengefasst. Wie man hier sehen kann, steht bei einigen römischen Gottheiten auch italische bzw. alt italische Gottheit dabei. Das bezieht sich logischerweise auch auf diese Völker, welche diese Gottheiten verehrten. Es fällt auf, dass die italischen Versionen der Gottheiten, noch eigene Geschichten haben, da es erst später zu einer Gleichsetzung der römischen und griechischen Mythologien gab.

Janus

Römischer Gott des Anfangs und Endes, des Eingangs und des Ausgangs, der Türen und der Tore.

Auch bekannt als Ianus, „Gott der Götter".

Attribute: bärtiges Doppelgesicht, Januskopf (Kopf mit zwei Gesichtern), Zepter, Schlüssel und Stock.

Sohn des Saturn und der Entorias. Die Gottheit Janus kommt nur bei den Römern vor, es findet sich kein ähnliches Wesen in der griechischen Mythologie. Alle Kalenderdaten, die Anfänge symbolisieren, wurden ihm gewidmet. So wurde der Januar nach ihm benannt. Laut der Mythologie war er der erste König der Region Latium. Früher hatte er recht hohe Bedeutung, da man ihn als Gott der Götter bezeichnete und der Janusbogen war bei Krieg geöffnet und bei Frieden geschlossen, sodass Janus die Leute schützte.

Juba

Juba I war 50 v. Chr. König von Numidien kämpfte an der Seite Pompeius gegen Cäsar und gewann mehrere Kämpfe. So vernichtete er im Bürgerkrieg 46 v. Chr. zwei Legionen Cäsars, wurde aber im selben Jahr bei Thapsus von Cäsar geschlagen. Nach seinen Tod wurde er als Gott verehrt, wie wir von Octavius erfahren (Kapitel XXI). Außerdem wurde ein Kopf in Cherchel gefunden, der genau diese Aussage bestätigt.

Juno

Göttin der Geburt, der Ehe und der Fürsorge.

Auch bekannt als Iuno, Uni, griech. Hera.

Attribute: Pfau und Zepter.

Tochter des Saturn und der Ops. Die Römische Göttin Juno ist die Gemahlin des Götterkönigs Jupiter und dadurch die Königin der Götter. Das aber erst nach der Gleichsetzung mit der Griechischen Hera. Der Monat Juni wurde von ihrem Namen abgeleitet. Ursprünglich ist Juno die weibliche Entsprechung des dem Manne zugeordneten Genius und als solche schützt die Göttin das weibliche Geschlechtsleben, besonders die Geburt. Ihr heiliges Tier ist die Gans, weshalb man Gänse bei ihren Tempeln hielt, welche einmal durch Geschnatter die Bewohner Roms vor Feinden warnten, weshalb man Juno noch den Beinamen Moneta gab, was die Warnerin bzw. Mahnerin bedeuten soll. Zudem hat sie Augen wie ein Rind und bildet mit Jupiter und Minerva die Kapitolinische Trias.

Jupiter

Hauptgott der Römer, Beherrscher des Himmels, des Lichts, des Blitzes, des Regens und des Donners. Gott des Krieges, Schützer von Recht und Wahrheit, Schutzgott der Latiner und Roms.

Auch bekannt als Griech. Zeus, Ägypt. Amun.

Attribute: ein Bündel von Blitzen in der Hand und der ihn begleitende Adler.

Sohn des Saturn und der Ops. Der röm. Hauptgott Jupiter ist exakt wie Zeus. Seine Liebe zum weiblichen Geschlecht, seine Wankelmütigkeit, seine Unbeholfenheit, seine Ratlosigkeit und auch seine Abstammung sind alle dem griechischem Zeus nachempfunden. So verschlang auch sein Vater Saturn (griech. Kronos) seine eigenen Kinder, doch Jupiter wird als einziges Kind am Berg Dikte (oder griechisch Ida) versteckt, dort von einer Nymphe großgezogen und von deren Ziege gestillt. Auch Jupiter befreit seine Geschwister aus dem Bauch seines Vaters, heiratet seine Schwester Juno und herrscht mit ihr über alle anderen Götter. Kleiner Unterschied ist vielleicht, dass die Römischen Götter nicht ihren Sitz am Olymp haben. Die zwölf Hauptgötter der Griechen sind die Götter des Olymp, die zwölf Hauptgötter der Römer nennt man hingegen Dei Consentes. Von Jupiter sind verschiedene Versionen in verschiedenen Erzählungen mit verschiedenen Namen im Umlauf: Feretrius, Capitolinus, Latiaris, Elicius, Tonans und Statur. Über dieses chaotische Durcheinander macht sich Minucius Felix lustig. Zusammen mit seiner Frau Juno und seiner Tochter Minerva bildet Jupiter die Kapitolinische Trias und mit seinem Bruder Mars und dem altrömischen Kriegsgott Quirinius die Patrizische Trias, die in der Römischen Frühzeit die wichtigsten drei Götter waren, zwei davon typischerweise Kriegsgötter.

Karneades von Kyrene

* 214/13 v. Chr., † 129/28 v. Chr.

Karneades war ein berühmter griechischer Philosoph. Er war Scholarch der Platonischen Akademie und begann eine neue Phase, die letzte der Phasen der Akademie. Man unterscheidet drei Phasen in der Geschichte der Akademie: 1) Die alte Akademie (Platon, Speusipp), 2) die mittlere (Arkesilaos im dritten Jh. v. Chr.), 3) die neue (Karneades im zweiten Jh. v. Chr.). Ein paar „Experten" meinen, dass es Blödsinn sei ihn als eine neue Phase der Akademie anzusehen, da er zum Großteil die Richtung der zweiten beibehielt. Doch lehrte er einen anderen Ausgang, nämlich dass wir, statt im Zweifel zu bleiben, zur Wahrscheinlichkeit kommen können.

Kastorsche Brüderpaar, das

Auch bekannt als Kastorpaar, Dioskuren, Tyndaride.

Attribute: Pferde, Lorbeerkränze.

Kastor und Polydeukes (röm. Castor und Pollux) sind Söhne des Zeus und der Leda oder des Tyndareos und der Leda. Sie werden auch Dioskuren oder Tyndariden genannt. Erstes bedeutet „Söhne des Zeus", Zweiteres geht auf den Namen des spartanischen Königs Tyndareos zurück. Über Die Herkunft der Brüder gibt es widersprüchliche Erzählungen. Einmal als Zwillingsbrüder dargestellt, werden sie bald wieder als Halbbrüder bezeichnet. So ist in der einen Geschichte Zeus der Vater der Zwillinge und Leda die Mutter und ein andermal ist Zeus nur der Vater des Polydeukes und der König Tyndareos der des Kastors. Die menschliche Leda ist jedoch immer die Mutter und soll sogar in dem Fall, wo es sich nur um Halbbrüder handelte, beide zum selben Zeitpunkt geboren haben, wodurch sie „Zwillingshalbbrüder" sind. Viele Heldentaten wurden dem unzertrennlichen Brüderpaar nachgesagt, das von Tyndareos in ritterlicher Manier erzogen wurde. Polydeukes tat sich als Faustkämpfer hervor, Kastor als Wagenlenker und Pferdebändiger. Von den Göttern Mercur und Juno erhielten sie ihre Rösser. So nahmen sie auch am Zug der Argonauten und an der Kalydonischen Jagd teil. Als das Kastorsche Brüderpaar die Töchter des Leukippos, Phoibe und Hilareia, begehrten, mussten sie diese entführen, da beide bereits dem Geschlecht der Apharetiaden versprochen waren. Die beiden Apharetiaden Idas und Lynkeus rächten sich an dem Kastorpaar in einem Zweikampf. Der sterbliche Kastor wurde von Idas im Kampf getötet, doch erschlug der unsterbliche Polydeukes Lynkeus. Dabei wurde er allerdings verwundet. Zeus holte ihn zur Genesung auf den Olymp. Aus Liebe zu seinem verstorbenen Bruder teilte Polydeukes mit ihm fortan seine Unsterblichkeit, da der Göttervater einem bereits Verstorbenen keine Unsterblichkeit mehr erteilen konnte. Als Bedingung mussten die Halbbrüder aber abwechselnd im Hades und bei den Göttern verweilen. Zu ihren Symbolen gehörten neben den die jugendliche Siegeskraft symbolisierenden Lorbeerkränzen ihre Pferde.

Katilina

vermutlich 108 v. Chr., † um 62 v. Chr.

Lucius Sergius Katilina war ein römischer Politiker, der vor allem durch den als Castilinarische Verschwörung bezeichneten Umsturzversuches, mit dem er im Jahr 63 v. Chr. die Macht in der Römischen Republik an sich reißen wollte, bekannt wurde. Zuerst war er Tribun oder Präfekt, schlug sich dann auf die Seite Sullas, da er sich durch ihn den größten Vorteil seiner Laufbahn versprach. Seine Laufbahn schrieb er mit Blut und Schändung. So hat er seinen Bruder getötet und dessen jungfräuliche Tochter missbraucht. Aber auch seinen Schwager Marcus Marius Gratidianus folterte und tötete er auf Geheiß des damaligen Diktators Sulla. Angeblich hat Katalina den Kopf eigenhändig abgeschlagen und zu Sulla in den Apollotempel gebracht und sich dort die blutigen Hände im Weihwasserbecken gewaschen. Darüber hinaus soll er sich später hochverschuldet haben durch einen ausschweifenden Lebenswandel. Er wurde von Clodius wegen Unzucht mit einer Vestalin angeklagt, doch wurde er wohl aufgrund des Eingreifens eines ehemaligen Konsuls, freigesprochen. Nach dem Putschversuch, musste er mit seinen Truppen aus Rom fliehen, da er als Staatsfeind erklärt wurde. In der Schlacht bei Pistoria stürzte er sich in die Menge, nachdem er sah das dies eine Niederlage für ihn wird. Sein Name wurde als Schimpfname für ungeliebte römische Kaiser gebraucht und er gilt als Symbol der Schurkerei.

Kleanthes von Assos

* um 330 v. Chr., † um 232 v. Chr.

Kleanthes war ein griechischer Philosoph. Er war der Schüler Zenons dem Jüngeren und dessen Nachfolger in der Schulleitung. Er schrieb einen Hymnus auf Zeus, welcher ein Ausdruck stoischer All- und Schicksalsfrömmigkeit ist.

Korybanten

Das waren die Dienerinnen der Cybele, die sie in orgiastischen Tänzen verehrten. Bei den Griechen sind sie Dämonen, während sie bei ihren ursprünglichen Volk, den Phrygiern, als Götter gesehen wurden. Diese standen auch beim Berg Ida um den Säugling Zeus bzw. Jupiter durch das Klirren ihrer Waffen zu übertönen. Später nannte man auch die Priester der Cybele, Korybanten.

Laomedon

Laomedon war der Sohn des Ilias und der Eurydike und zweiter König Trojas. Ihm soll Neptun die Mauern erbaut haben.

Liber Pater

Italische Gottheit, Röm. Gott des Weines, der Vegetation und der animalischen Befruchtung.

Auch bekannt als Bacchus, Bakchos, Griech. Dionysos, Ägypt. Osiris.

Attribute: Efeu & Reben; Bacchusstab.

Sohn der Ceres und des Jupiter. Liber Pater war eine italische Gottheit, welche die Römer verehrten. Später wurde er Dionysos gleichgesetzt. Bacchus war dann der Name des Gottes, welcher davor nur ein Beiname gewesen ist. Er bildete zusammen mit Ceres und Libera eine Aventinische Trias. Je nachdem, welche Geschichte man liest, findet man verschiedene Mütter.

Libera

Römische Göttin der Fruchtbarkeit, Königin der Unterwelt.

Auch bekannt als Kore, Proserpina, Griech. Persephone.

Tochter des Jupiter und der Ceres. Libera war eine Römische Göttin, welche den weiblichen Gegenpart zum Liber darstellte. Zusammen mit Ceres und Liber bildeten sie eine Aventinische Trias.

In der eleusinischen Trias (die Griechische Version) war sie die Persephone. Somit ist sie die Römische Version von Persephone und die Geschichten sind ident.

Marcus Curtius

Marcus war ein römischer Soldat, welcher den Opfertod starb. Im Jahre 362 v. Chr. soll sich ein tiefer Spalt inmitten des Forum Romanum aufgetan haben. Die Bewohner konnten diesen Erdschlund nicht ausfüllen, sodass die Auguren dann verkündeten, man müsse das opfern, wovon die Macht Roms am meisten abhänge. Curtius, welcher ein Soldat aus noblem Hause war, deutete jedoch die Verkündung so, dass die Tapferkeit und der Mut eines römischen Soldaten gemeint seien und so stürzte er sich, voll gerüstet und mit seinem Rosse, in den Schlund. Die Bewohner warfen zudem noch Früchte in großer Menge in den Schlund. Der Schlund schoss sich dann, allerdings nur für eine kurze Zeit. Heute nennt man diesen Ort Lacus Curtius.

Mars

Italischer Vegetationsgott und römischer Gott des Krieges. Auch bekannt als Mavors, Marmar, Mamers, Griech. Ares, Ägypt. Seth

Attribute: Lanze, Schwert, Helm, Schild, Rüstung.

Sohn des Jupiter und der Juno. Mars wurde zwar mit dem griechischen Ares gleichgesetzt, doch hatte er ein anderes Gesicht. So war er zuerst der Vegetationsgott. Als Kriegsgott wurde er dann mit Ares gleichgesetzt, weswegen sich die Sagen gleichen. Mars war nach Jupiter der wichtigste Gott des altrömischen Reiches, im röm. Reich hatte er auch einen hohen Stellenwert, da er in der Legende der Vater der Zwillinge Romulus und Remus war, weswegen er als Stammvater verehrt wurde. Zusammen mit Jupiter und Quirinius bildet er die alte patrizische Trias, welche im alten röm. Reich die höchsten drei Götter darstellten. Vieles wurden nach ihm benannt, der Monat März, der Wochentag Dienstag (ital. martetî), der Name Marcus („dem Mars geweiht") und das Volk der Marser. Das Zeichen des Mars (♂) ist heute Symbol des männlichen Geschlechts.

Mauren

Sie waren im Altertum die Berberbevölkerung Nordafrikas.

Mercur

Römischer Gott des Handels und des Verkehrs, Schutzgott der Diebe und Kaufleute, der Reisenden und Hirten.
Auch bekannt als Mercurius, Götterbote, griech. Hermes, ägypt. Thot;
Attribute: geflügelte Schuhe, geflügelter Helm, Hermesstab, Geldbeutel in der rechten Hand

Sohn des Jupiter und der Maia. Mercur ist die römische Version des griechischen Götterboten Hermes und mit diesem praktisch deckungsgleich. Er hat bereits am Tag seiner Geburt eine Herde Rinder gestohlen, gelogen, und sowohl Menschen als auch Götter hinters Licht geführt. Er ist ein zwielichtiger, hinterlistiger Gott. Das machte ihn zum Schutzgott der Diebe, aber auch der Händler, Reisenden und Hirten. Mercur hat aber noch eine ganze Reihe anderer Aufgaben. So muss er zum Beispiel die Toten ins Totenreich geleiten und gelegentlich die unehelichen neugeborenen Kinder seines Vaters Jupiter vor dem Zorn dessen eifersüchtigen Ehefrau Juno in Sicherheit bringen. Er trägt als Symbol den Heroldstab, der auch Hermesstab genannt wird. Minucius Felix weist darauf hin, dass bereits die Gallier Mercur verehrten.

Minerva

Italische Göttin; Röm. Göttin der Weisheit und des Schiffbaus, Schutzherrin der Zünfte und Gewerbe, Ärzte und Dichter, Künstler und Handwerker; Göttin aller Erfindungen und aller Kunst und Wissenschaft.
Auch bekannt als Menvra, Meerva, griech. Athene, ägypt. Neith.
Attribute: Eule, Schlange und der Olivenkranz, Helm, Schild und Brustpanzer.

Minerva ist die römische Version der Athene. Die Gleichsetzung dieser Gottheiten soll im 3.Jh. v. Chr. erfolgt sein. Bei den Römern wurde sie als die Stadtgottheit von Rom verehrt. Sie brachte den Menschen alles bei was sie im Alltag brauchten: Webkunst, Wagenbau, Egge und Pflug und auch den Schiffsbau. Zusammen mit Juno und Jupiter bildet sie das „Kapitolinisches Trias".

Minucius Felix, Marcus

2. - 3. Jh. n. Chr.

Marcus Minucius Felix war Anwalt in Rom und prozessierte gegen Christen bis er selbst Christ wurde (K. XXVIII). Er schrieb zwei apologetische Bücher, von denen uns nur eines erhalten ist: der vorliegende Dialog Octavius. Im Prinzip wissen wir über Minucius heute nur noch das, was er in diesem Buch preisgibt. Er ist damit sein eigener Biograph. Dabei hatte er anderes im Sinne, nämlich die literarische Wiedergabe einer Anekdote, bei der er Augen- und Ohrenzeuge gewesen war: Zwei seiner Freunde wollten einen Disput über Gott und die Welt führen. Minucius sollte der Schiedsrichter sein. Der Dialog wird auf anspruchsvollem Niveau geführt und am Ende das Leben des Caecilius nachhaltig verändern. Das Buch ist ein wehmütiger Nachruf auf den anderen Freund, Octavius, ein Seelenbruder von Minucius, der leider viel zu früh starb.

Minucius Felix wird gern mit Tertullian verglichen. Sie schrieben nicht nur beide in Latein, sondern schienen auch einander inspiriert und ermutigt zu haben. In der Fachwelt ist längst eine Kontroverse darüber entbrannt, wer von wem abschrieb. Bücher wurden verfasst wie Adolf Eberts „Tertullian's Verhältniss zu Minucius Felix", Leipzig, 1868. Für Laktanz bestand kein Zweifel, dass Minucius Felix Octavius die Vorlage für Tertullian war, aber Hieronymus sah es ein Jahrhundert später umgekehrt. Heute müssen wir einsehen, wie wenig wir wissen und wie viel wir spekulieren.

Sieht man Tertullian als Begründer des lateinischen Christentums, dann gibt sein Zeitgenosse Minucius Felix dem christlichen Denken sein frühestes lateinisches Gewand. Tertullian wird oft Härte und Provinzialismus vorgeworfen, was heute mehr Menschen ein Ärgernis sein dürfte als seinerzeit, bei Minucius sehen wir hingegen einen Schüler Ciceros und einen Vorläufer des Laktanz in der Anmut des Stils.

Unterm Strich überliefern uns beide nicht nur das ernüchternde Bild, das die Heiden von den Christen damals hatten, sondern auch wie sich die Christen dagegen wehrten und wie sich schließlich deswegen Heiden zum Christentum bekehrten. Tatsächlich hat M. Felix christliche Werke ab dem 2. Jh. beeinflusst und vorgemacht, wie man den christlichen Glauben intelligent verteidigt. Dabei erwähnt er den Namen Jesus Christus nie, was Minucius heute Kritik einbringt.

Der Dialog Octavius versprüht zudem noch die selbe Frische und Leidenschaft wie der Brief an Diognet. Ein schönes Zeugnis der Kontinuität der Lehre der Apostel.

Mucius Scaevola, Gaius

Gaius Mucius Scaevola ist ein Mann aus der römischen Frühgeschichte. Er hat die Stadt Rom gerettet, als sie im Jahre 508 v. Chr. von dem feindlichen Etruskerkönig Lars Porsenna belagert wurde. Mucius schlich sich in das feindliche Heerlager um Porsenna zu töten. Aus Unwissenheit jedoch, hat er nicht Porsenna, sondern einen Schreiber getötet. Danach wurde er ergriffen und sagte Porsenna, dass sich einige im Lager befänden und es als große Ehre ansehen würden Porsenna zu töten. Nun meinte der König, dass er Mucius den Flammen übergebe, wenn er nicht sage, wer diese Leute seien. Daraufhin streckte Mucius seine Rechte in das Feuer, welche verbrannte, ohne sich jeglichen Schmerz anmerken zu lassen. Er soll gesagt haben, dass sein Körper wertlos ist, seine Ehre aber nicht. Porsenna war von dieser Tat so überwältigt, sodass er Mucius die Freiheit schenkte und Friedensverhandlungen mit Rom begann, welche auch den Frieden zufolge hatten. Mucius wurde nun Scaevola, was der Linkshänder bedeutet, genannt und bekam vom Senat ein Stück Land.

Mysterien von Eleusis

Die Mysterien von Eleusis bzw. die Eleusischen Mythen waren das wohl bekannteste und beliebteste Ereignis der Antike. Alljährlich im Monat Boedromion (September / Oktober) versammelten sich viele Menschen in Athen um in feierlicher Prozession auf der „Heiligen Straße" zu den Feierlichkeiten in das etwa 21 Kilometer nördliche Eleusis zu ziehen. Dort wurde die eleusinische Trias, die drei Götter Demeter, Persephone und Dionysos verehrt (dieselbe Trias wird von den Römern die aventische genannt und besteht dort aus Ceres, Liber und Libera). Vor allem aber galt die Feier der

Demeter. Dort wurde dann in einer dramatischen Geschichte das Mysterium geschildert wie Persephone, meist Kore genannt, von Hades entführt wurde und wie ihre Mutter sie daraufhin suchte. In dieser Geschichte wird erzählt, dass Demeter Eleusis auserwählte um sie dort zu verehren. Sie lehrt den vornehmen Menschen das Weihen, welches von da an ihr zu ehren durchgeführt wurde. Es war ein Fest welches wohl vom 7 Jh. v. Chr. bis 400 n. Chr. gefeiert wurde. Doch konnte nur zu dem Feste, wer schon an kleineren Festen teilgenommen hat. Somit war das Ganze ein Kult der die Verehrung der drei Götter im Mittelpunkt hat. Freilich, es war ein großes Fest, welches alle anderen in den Schatten stellte. Ein Fest, welches man „gesehen haben muss".

Nepos

* um 100 v. Chr., † um 25 v. Chr.
Cornelius Nepos war römischer Geschichtsschreiber und Biograph. Er schrieb Chroniken oder Annalen und Biographien berühmter Männer.

Neptun

Römischer Gott der fließenden Gewässer, der springenden Quellen und des Wetters, Gott des Meeres.
Auch bekannt als Griech. Poseidon.
Attribute: Dreizack, Seewesen, Delphine.
Sohn des Saturn und der Ops. Neptun ist die Römische Version von Poseidon. Doch vor der Gleichsetzung der Religionen, war er kein Gott des Meeres und ob er Jupiter und Plato als Brüder hatte, ist vor der Gleichsetzung nicht zu finden. Sein bekanntestes Attribut, der Dreizack, wurde ihm von den Zyklopen geschmiedet und auch er konnte, gleich wie Poseidon, damit Erdbeben auslösen.

Octavius, Januarius.

2. Jh. n. Chr.
Über Januarius Octavius wissen wir nur aus der Erzählung dieses Buches, das seinen Namen trägt: Er war Ehemann einer Frau, hatte kleine Kinder und ein Haus. Gemeinsam mit Minucius Felix war er Anwalt und führte Prozesse gegen Christen [XXVIII], bis beide selbst Christen wurden. Leider verstarb er früh. Minucius Felix

verarbeitet den schmerzlichen Verlust durch dieses Buch wie einen wehmütigen Nachruf auf den edlen Freund, wo er eine bühnenreife Anekdote schildert: Octavius reiste geschäftlich nach Rom und erfreute seinen besten Freund Minucius mit einem Überraschungsbesuch. Beide waren ein Herz und eine Seele, hatten sich viel zu erzählen und suchten kurzentschlossen die nahe gelegene Stadt Ostia auf. Dort spazierten sie mit einem dritten Freund, Caecilius, am Strand entlang. Der Christ Octavius eröffnete ein Streitgespräch gegen den Heiden Caecilius. Als Schiedsrichter sollte Minucius dienen. Es war ein Streit der Argumente auf hohem Bildungsniveau. Octavius war aber nicht der einzige Sieger dieses Dialogs.

Orpheus

Orpheus ist ein Dichter und begnadeter Sänger, welcher in der griech. Mythologie vorkommt. Er wird als Urheber der orphischen Schriften gesehen, von seinen Nachfolgern den Orphikern. Mit seinem Gesang konnte er selbst wilde Tiere und Pflanzen bezaubern. Er konnte auch durch seinen Gesang in den Hades (Unterwelt) gelangen, um dort von Hades und Persephone die Rückkehr seiner durch einen tödlichen Schlangenbiss geraubten Gattin Eurydike zu erbeten. Durch seinen Gesang und seine poetischen Worte gerührt, gewährte Hades ihm diesen Wunsch. Eurydike dürfe hinter Orpheus zurück gehen, allerdings darf Orpheus sich nicht umdrehen, um nach ihr zu sehen, bis sie die Oberfläche erreichten. Doch er drehte sich um und verlor somit endgültig seine Liebe.

Osiris

Ägyptischer Gott der Fruchtbarkeit, der Toten, der Unterwelt.
Attribute: Mumie mit gekreuzten Armen, Krummstab, Geißel und Sarkophag.

Sohn des Erdgottes Geb und der Himmelsgöttin Nut. Osiris ist einer der Hauptgötter der Ägypter gewesen. Um ihn ranken sich viele Legenden und Mythen, doch der wohl bekannteste mag der Osiris - Mythos sein. Die Griechen, welche in Ägypten lebten, sollen ihn mit Apis vermischt haben und einen Osiris - Apis Kult angefangen haben. Daraus hat sich dann auch bald eine neue Gottheit entwickelt, Serapis. Osiris stand für die Menschen als das Symbol der Wiederauferstehung und des Lebens, denn er hatte den Tod überwunden, nachdem er von seinem Bruder in 14 Teile zerrissen worden und von Isis und Nephthys wieder zum Leben erweckt wurde. Seitdem wurde er als Herrscher der Totenwelt gesehen. Er gehört zur Enneade, die 9 ersten Götter von Heliopolis.

Pan

Griechischer Waldgott und Weidegott.
Auch bekannt als röm. Faunus.
Attribute: Panflöte, Ziegenfüße.
Sohn des Hermes. Pan ist halb Mensch, halb Bock. Er sieht den Satyrn oder Faunen gleich, war im Gefolge des Dionysos, und ist ansonsten als Hirte bekannt. Durch sein plötzliches Auftauchen versetzt er Tierherden und Menschen in „panische" Angst.

Parther

Die Parther waren ein Volk im Großraum Vorder- und Zentralasien. Sie stammen von den Skythen ab und wurden von Alexander dem Großen unterworfen. Nach dem Tod Alexanders konnten die Parther jedoch wieder die Herrschaft erlangen und verschiedene Staaten errichten, in denen sich die griechische und persische Kultur mischte. Später kam es zu Kriegen mit den Römern.

Paulus Aemilius

* um 229 v. Chr., † 160 v. Chr.
Lucius Aemilius Paulus Macedonicus war ein römischer Feldherr und Politiker. Er wurde 216 v. Chr. bei Cannä besiegt und getötet und das obwohl er durch die Auguren den Sieg verkündet bekam. Nicht zu verwechseln mit dem Apostel Paulus von Tarsus.

Pavor und Pallor

Griechische und Römische Götter.
Zuerst hatten die Römer den Faunus und Silvanus, dann übernahmen sie die zwei griechischen Dämonen der Schlacht. Sie personifizieren den Terror und Schrecken und sind Gefährten des Mars. So ist Pavor der Schrecken im Gemüt und Pallor die äußerliche Wirkung, das Erbleichen. Ihnen sollen Heiligtümer auf der Hostillia, ein Bereich auf dem Forum Romanum, errichten worden sein. Man sieht die Bilder von beiden auf Münzen der Hostillia; das des

Pavor im Bilde eines entsetzten Mannes mit schwachem Bart und gesträubtem Haar, das des Pallor im knabenhafter Bild, mit zerzausten Haaren und verstörtem Blick.

Perseus
Griechischer Halbgott.
Auch bekannt als Ägypt. Min.
Attribut: Kopf der Medusa.
Sohn des Zeus und der Danae. König Akrisios wurde vom Orakel vorhergesagt, dass sein Enkel ihn töten würde. Daraufhin schloss er seine jungfräuliche Tochter Danae in einen Turm ein, um die Zeugung seines Enkels zu verhindern. Zeus aber, der sich in die hübsche Jungfrau verliebte, drang in Form eines goldenen Regens durch die Fugen der Turmmauer und fiel auf Danae. So wurde sie schwanger und gebar Perseus, einen der großen Helden der griechischen Mythologie. Mithilfe der Athene konnte Perseus den Kopf der Gorgone Medusa abschlagen, deren Haare lebende Schlange waren, die alle versteinerten, die in ihre Augen sahen. Seitdem ziert der Kopf der Medusa den Brustpanzer der Athene.

Picus
Römischer Gott der Felder, des Waldes und des Ackerbaus.
Attribut: Specht.
Sohn des Faunus. Picus, was Specht bedeutet, war ein römischer Gott, welcher dem Faunus sehr ähnelt, da dieser sein Vater war. Andere Überlieferungen meinen er sei der Sohn des Saturn gewesen. Er wird auch oft mit Mars in Verbindung gebracht, da der Specht eines der vielen Tiere war, welche Mars heilig waren. Picus soll selber von Kirke zu einem Specht verwandelt worden sein. Wie bei allen Mythologien gibt es zig verschiedene Überlieferungen und Geschichten, welche sich nicht wenig widersprechen.

Pilumnus
Römischer Naturgott, Schutzgott der Kinder.
Attribut: Stößel.
Pilumnus und sein Bruder Picumnus sorgten dafür dass die Kinder wuchsen und gesund blieben. Deshalb stellten die alten Römer im-

mer ein Zustellbett nach der Geburt des Kindes bei, um sich der Hilfe Pilumnus sicher zu sein. Zudem soll er der Erfinder des Stößels sein. Damit sollte er Getreide zermahlen, das auch die Übel der Kinder abwehrt.

Platon

um 428 v. Chr., † um 348 v. Chr.

Platon war und ist ein sehr berühmter Philosoph. Er stammt aus vornehmer Familie und war der Schüler des Sokrates und Lehrer des Aristoteles. Nach der Hinrichtung des Sokrates ging Platon für kurze Zeit nach Megara zu Euklid, um dann in Athen eine Lehrtätigkeit zu beginnen. Verbunden war dies mit der Abfassung der ersten sokratischen Dialoge. Weitere Reisen führten ihn nach Unteritalien zu den Pythagoreern sowie an den Hof Dionysios II in Syrakus. 387 gründete Platon in Athen eine eigene Schule bzw. Akademie. Neben der Pflege der Wissenschaft im weitesten Sinn ging es ihm auch um eine Reform des politischen Denkens. In dieser Angelegenheit reiste er noch zweimal (367 u. 361 v.Chr.) nach Syrakus, allerdings ohne Ergebnis. Platons Schriften sind zum größten Teil erhalten. Er prägte auch viele Begriffe, wie z.B. die platonische Liebe oder Freundschaft.

Plebejer

Plebejer ist ein Ausdruck für einen ungehobelten und gewöhnlichen Menschen. Die Römer bezeichneten alle als Plebejer, welche nicht zum Adelsgeschlecht der Patrizier gehörten, somit die große Mehrheit des Volkes. Die Plebejer kommen von Plebs, was Menge bedeutet. Es war also ein Stand, welcher sich erst seine Gleichberechtigung im römischen Staate erwerben musste. Unser Wort „Pöbel" leitet sich auch davon ab.

Pontus

Pontus oder Pontos war ein Königreich in der heutigen Türkei.

Proculus Julius

Zur Zeit von König Romulus.

Proculus war ein Bauer, welcher nach dem sagenumwobenen Tod des Romulus, behauptete, er hatte eine Vision, in der Romulus als ein Gott zu ihm sprach und verlangte ihm ein Heiligtum am Quirinal zu errichten. Darauf leistete Proculus einen Eid.

Prodikus
465 v. Chr., † 395 v. Chr.
Prodikos von Keos war ein antiker griechischer Sophist und Rhetor. Er war ein Zeitgenosse Sokrates. Er soll ein Schüler Protagoras gewesen sein und tritt als Gesprächspartner im platonischen Dialog Protagoras auf.

Protesilaus
12., 13. Jh. v.Chr.
König von Phylake in Thrazien war der erste Grieche, welcher seinen Fuß auf das trojanische Ufer setzte, aber er wurde durch Hektor getötet. Seine Frau Laodamia erwirkte von den Göttern, dass er für drei Stunden aus der Unterwelt zurückkehren durfte. Als Protesilaus in die Unterwelt zurückkehrte, starb sie mit ihm.

Protagoras von Abdera
vermutlich 490 v. Chr., † vermutlich 411 v. Chr.
Protagoras war ein griechischer Philosoph, welcher aufgrund von Gottlosigkeit aus Athen verbannt wurde.

Pyrrhon
360 v. Chr., † 270 v. Chr.
Pyrrhon oder Pyrrho war ein antiker griechischer Philosoph und war der Stifter der älteren skeptischen Schule, die auch nach ihm benannte wurde, die „pyrrhonische Skepsis". Pyrrhon, Haupt der skeptischen Schule, meinte, es müsse uns alles gleichgültig sein.

Pyrrhus
um 319 v. Chr., † um 272 v. Chr.
Pyrrhus I der König der Molosser und Hegemon der Epiroten. Er gilt als großer Kriegsherr. Selbst der Pyrrhische Krieg ist nach ihm benannt. Pyrrhus konnte die Römer zweimal nur unter sehr hohen Verlusten besiegen, daher kommt auch der Begriff „Pyrrhussieg". Letztlich starb er in einem dieser Kämpfe. Die Überlieferungen behaupten, er habe zuvor noch das Orakel von Delphi befragt, doch

das habe ihm eine zweideutige Antwort gegeben. Je nachdem wie man es versteht kann es auch das exakte Gegenteil bedeuten: „Er wird gehen und zurückkehren und niemals in einem Krieg umkommen." oder „Er wird gehen und niemals zurückkehren. In Kriegen wird er umkommen."

Pythagoras
um 580 v. Chr., † um 496 v. Chr.

Pythagoras war ein vorsokratischer griechischer Philosoph und Mathematiker. So zählt man ihn zu den Pionieren der griechischen Philosophie, Mathematik und den Naturwissenschaften. Man schreibt ihm auch die Lehren der Seelenwanderung zu. Pythagoras wurde als Sohn des Mnesarchos, einem noblem Mann, auf der Insel Samos geboren. In seiner Jugend hat sich Pythagoras zu Studienzwecken in Ägypten und Babylon aufgehalten. Dadurch lernte er das Wissen dieser zwei doch sehr wissensreichen Kulturen. Als Lehrer des Pythagoras wird der Philosoph Pherekydes von Syros genannt. Später gründete er eine Schule in Kroton, wobei dessen Mitglieder, die Pythagoreer, welche eine enge Gemeinschaft bildeten, sich eine disziplinierte und bescheidene Lebensweise auferlegten. Man nennt dies „pythagoreische Art des Lebens". Zudem waren sie zur Geheimhaltung verpflichtet, weshalb heute einige Historiker alles anzweifeln: Er habe nicht den Satz des Pythagoras erfunden, usw. Wie die meisten vorsokratischen Philosophen, gehörte er zur ionischen Naturphilosophie. Streng genommen handelt es sich nicht um eine bestimmte, sondern um eine ganze Familie von Philosophien, die ihre Gemeinsamkeit darin haben, dass sie die Frage nach dem Sein hinter dem Sein stellen. Hiervon wird ein Urgrund des Seins, welcher auf Griechisch arché genannt wird, angenommen. Dieser wird entweder stofflich begriffen, wie bei Thales von Milet das Wasser, oder eher abstrakt. Des weiteren werden Kräfte angenommen, die der arché eine Form geben. Bei Pythagoras ist dieses Sein ein durch die gesamte Natur gehendes und ausgebreitetes geistiges Wesen, aus dem auch alle beseelten Wesen ihr Leben empfangen.

Regulus

† um 250 v. Chr.

Marcus Atilius Regulus war ein römischer Politiker und Feldherr, während des ersten Punischen Krieges. Er wurde von Karthagern gefangen genommen, nachdem die Karthager Hilfe vom Spartaner Xanthippus erhielten und somit Regulus Heer schlagen konnten. Er soll in der Gefangenschaft verstorben sein.

Romulus und Remus

Romulus war erster König und Gründer Roms. In Alba Long um 770 v. Chr. soll er geboren sein. Er ist der Sohn des Gottes Mars und der Vestalin Rhea Silvia und Zwillingsbruder des Remus. Die Brüder wurde von ihrer Mutter in einem Kasten auf dem Tiber ausgesetzt und an der Stelle des späteren Rom an Land getrieben. Beide Kinder wurden von einer Wölfin gesäugt und von einem Hirten erzogen. Bei Einholung der Auspizien zur Gründung einer Stadt gerieten beide Brüder in Streit und Romulus erschlug den Remus. Er regierte 37 Jahre und gab dem Staat seine politischen und militärischen Grundlagen. Über seinen Tod wurde im Volk folgendes berichtet: Romulus musterte gerade sein Heer, als ein Unwetter aufkam und man die meisten Anwesenden in die Häuser flüchten ließ. In diesem Sturm wurde Romulus, der aufgrund seiner Verdienste beim Volk sehr beliebt war, mittels eines Streitwagens des Mars oder des Saturns zu den Göttern emporgehoben, um selber einer zu werden. Er wurde in den Himmel entrückt und als Gott Quirinus verehrt. Die Überlieferung erzählt den Tod aber so: In seinen letzten Tagen soll sich Romulus Geist verfinstert haben und er herrschte immer tyrannischer. Als Romulus sein Heer musterte oder Recht sprach, zog ein Unwetter auf. Man entließ die Anwesenden in ihre Häuser, doch die Senatoren blieben bei Romulus. Romulus war nach dem Sturm nicht mehr auffindbar, weshalb man davon ausgeht, die Senatoren haben ihn ermordet und den Leichnam in den Tiber geworfen. Deshalb wurde behauptet, er sei zu den Göttern emporgehoben worden. Der Bauer Proculus untermauerte das Ganze durch die eidesstattliche Erklärung, er habe eine Vision von der Vergöttlichung des Romulus gesehen, der verlange ihm ein Heiligtum auf dem Quirinal zu errichten.

Sarpedon

Halbgott.

Sohn des Zeus und der Laodameia. Im Trojanischen Krieg ist Sarpedon der Heerführer der Lykier und kämpft auf Seite der Trojaner. Schließlich wird er im Kampf von Patrokolos getötet.

Saturn

Titan, Römischer Gott des Staatsschatzes, Gott der Zeit, Herrscher der Urzeit, des Acker- und Weinbaus.
Auch bekannt als Saturnus, Griech. Kronos, Ägypt. Geb.
Attribute: Sense und Sichel.

Saturnus ist eine Römische Gottheit, welche mit dem griechischen Titan Kronos gleichgesetzt wurde. So ist der Anfang der Geschichten gleich. So fraß er seine Kinder auf, um nicht gestürzt zu werden und wurde schließlich doch von seinem Sohne Jupiter gestürzt. Von da an verhält sich die römische Geschichte anders als die griechische. Nachdem er entthront wurde floh der Gott nach Latium und traf dort auf Janus, der ihn gastlich aufnahm und sogar die Herrschaft mit ihm über das Gebiet teilte. Zum Dank lehrte Saturn den Einwohnern den Acker- und Weinbau. Diese Zeit galt als die Saturnia Regie, was Goldenes Zeitalter des Saturn heißt. In dieser Zeit soll paradiesische Fülle, aber auch unkultivierte Riten geherrscht haben. Später jedoch wurde er von den regierenden Göttern in schwere Eisenketten gelegt, damit in Latium ein religiöser Zustand zugunsten der Götter herrsche.

Satyr

Mythisches Wesen.
Auch bekannt als Röm. Faun.
Attribute: Panflöte, Ziegenbeine.

Man unterscheidet zwischen einem jugendlichen und kindlichen Satyr, und einem Silen, einem älteren Satyrn mit dickem Bauch und Glatze. Sie kommen bei dem Römern unter dem Namen Faun vor. Sie sind Waldgeister bzw. Dämonen, die das männliche Prinzip der Nymphen darstellen. Sie sind Mischwesen, Oberkörper Mensch, aber Beine einer Ziege. Der Gott Pan ist der bekannteste unter ihnen. Im Gefolge des Dionysos waren sie auch mit dabei.

Sie sollen in der Gigantomachie durch ihr Geschrei die Giganten in Furcht und Schrecken versetzt haben.

Scylla
Mythisches Wesen, Meeresungheuer.
Tochter des Phorkys und der Hekate oder Tochter der Krataiis. Über die Scylla gibt es die verschiedensten Legenden und Sagen. Einmal ist sie eine Tochter von zwei Göttern, dann doch wieder die einer Nymphe. Die am beliebteste ist wohl die nach Ovid. Dabei ist sie die Tochter der Nymphe Krataiis. Diese Scylla gefällt dem Meeresgott Glaukos so gut, das er um sie wirbt. Sie jedoch gibt ihn einem Korb. Der daraufhin doch so vor Liebe brennende Glaukos, geht zur Zauberin Kirke, damit sie ihn wenigstens von seiner Liebesglut erlöse. Diese hat sich aber selber in Glaukos verliebt. Nun, von Eifersucht getrieben, begibt sich die Zauberin zum Lieblingsgewässer der Scylla und vergiftet dieses. Nichts ahnend steigt Scylla ins Wasser um ein Bad zu nehmen. Fidel steigt sie hinaus. Doch als sie das Bad verlässt wachsen ihr aus dem Unterleib sechs Hundeköpfe und zwölf Hundefüße. Daraufhin zieht sich Scylla zwischen Italien und Sizilien im Wasser zurück und haust gegenüber einem anderen ungeheurlichen Ungeheur, den Charybdis, ein gewaltiges mystisches Wesen. Alle nun die dem Charybdis entfliehen, werden von der Scylla aufgefressen. Odysseus verliert somit sechs Männer, als er durch die Meerenge fährt.

Serapis
Ägyptischer Fruchtbarkeits- und Heilgott.
Die Ägypter verehrten ihre Fruchtbarkeitsgötter Osiris und Apis gemeinsam im sogenannten „Osiris-Apis" Kult. Die Griechen übernahmen diesen Kult und verschmolzen die beiden ägyptischen Gottheiten zu einem neuen Gott, den sie Serapis nannten und unter Ptolemaios I, welcher einer der Generäle von Alexander dem Großen war und nach dessen Tod über Ägypten herrschte, als Hauptgottheit einführten. Serapis ähnelt charakterlich Zeus bzw. Pluto.

Simonides von Keos

557/56 v. Chr., † 468/67 v.Chr.

Simonides war ein griechischer Lyriker und ein formgewandter Epigrammatiker. So gelang es ihm mit diplomatischem Geschick einen Krieg zwischen Hiero dem Tyrannen und Theron von Akragas zu verhindern.

Sokrates

um 469 v. Chr., † 399 v. Chr.

Der Philosoph Sokrates gehört zu den berühmtesten, prägendsten Philosophen. In der Romantik wurde das Wort Vorsokratiker geprägt, da das philosophische Denken sehr von Sokrates beeinflusst wurde. So ließ er die ionische Naturphilosophie fallen und ging in eine ganz andere Richtung, der des „sittlichen Wissens". In der Überzeugung, dass niemand gegen seine bessere Einsicht handeln könne, hielt er Tugend für lehrbar. Er meinte, dass Tugend Wissen sei und man Wissen lehren bzw. erlernen kann. In der konkreten Anwendung dieses Wissens berief sich Sokrates auf eine warnende und innere Stimme, die er „Daimonion" nannte. Wie man vielleicht schon bemerkt, steckt hier das Wort Dämon drin. Octavius bemerkt das auch im Kapitel XXXVIII, wo er Sokrates einen „attischen Narr" nennt, da er, der große Sokrates, den Satz gesprochen hat „Ich weiß, dass ich nichts weiß", was ihm eigentlich den Lehrstuhl hätte nehmen sollen. Doch prägte er eine neue Art der Philosophie. Die sokratische Methode, welche nur durch Fragen und angebliches Nichtwissen das zugrunde liegende Wissen an den Tag brachte, nannte er Mäeutik, was übersetzt Hebammenkunst heißt. Sein Bemühen, die Menschen vom Scheinwissen ins Wissen zu führen („Ich weiß, dass ich nichts weiß") und dass er angesehene Männer in öffentlichen Gesprächen einen Mangel an Wissen aufzeigte, brachte ihm einige Feinde ein. Hinzu kam noch, dass er die Götter des Staatskultes nicht anerkannte, eine neue „Gottheit" (Daimonion) einführte und er ein „Jugendverderber" sei. Deswegen wurde er angeklagt und zum Tode verurteilt. Obwohl er fliehen hätte können, lehnte er dies ab und trank gefasst den Schierlingsbecher, mit dem starken Gift des gefleckten Schierlings. Von Sorkates haben wir keine Schriften, nur von dessen Schüler Platon.

Speusippus

* um 408 v.Chr., † um 339 v.Chr.

Speusippus war der Neffe, Schüler und Nachfolger als Scholarch (Leiter) der platonischen Akademie des Sokrates.

Straton von Lampsakos

* um 340 v. Chr., † um 268 v. Chr.

Straton war ein griechischer Philosoph und Physiker. Es wird ihm auch der Beiname „der Physiker" gegeben. Der Physiker war der Nachfolger des Theophrast in der Leitung der Peripatetischen Schule. Er versuchte die Aristotelische Physik mit dem Atomismus Demokrits zu verbinden. Angeblich wurde er aufgrund seiner vielen Forschungsarbeiten als Atheist gesehen, was aber nicht ganz stimmen kann, da wir im „Dialog Octavius" (XIX) erfahren, dass Straton die Naturkraft Gott nennt.

Tatius

Titus Tatius war König der Sabiner, welcher gegen Romulus kämpfte, da er den „Raub der Sabinerinnen" verbrochen hatte. Später herrschte er gemeinsam mit Romulus, nachdem die Sabinerinnen sie bestürzten doch mit dem Krieg aufzuhören, da auf der einen Seite ihre Väter und Brüder und auf der anderen Seite ihre Männer und Söhne starben. Tatius erfand auch die -> Cloacina. Diese wurde nach der Niederlegung der Waffen mit Rom verehrt.

Taurier

Mit Taurier oder Taurer bezeichnet man die vorskythische Bevölkerung. Sie spielen in der griechischen Mythologie ebenfalls eine bedeutende Rolle in der Sage um Iphigenie, die Tochter Agamemnons und Klytaimnestras. Iphigenie wurde nämlich von Artemis zu den Taurern gebracht um dort der Göttin mit Menschenopfern zu dienen.

Thales von Milet

* 624/23 v. Chr., † 548 - 544 v. Chr.

Er war ein vorsokratischer Philosoph, Mathematiker, Geometer, Naturphilosoph und Astronom. Seit Aristoteles wird er sogar als Begründer der Philosophie gesehen. Von ihm selber haben wir keine Schriften mehr, dafür gibt es ziemlich viele, welche von Thales Zeugnis abgeben. Der Geschichtsschreiber Herodot, der Schriftsteller Diogenes Laertios und die Philosophen Platon und Aristoteles berichten über ihn. Er hat auch einen geometrischen Satz gefunden, welcher als Satz des Thales bekannt ist

Thebanerpaar, das

Auch bekannt als Eteokles und Polyneikes.
Sie sind als Thebanerpaar bekannt, die beiden feindlichen Brüder Eteokles und Polyneikes. Ödipus hatte ihnen den Thron gelassen und sie sollten jedes Jahr in der Herrschaft abwechseln.

Theodorus von Cyrene

* vermutlich 335 v. Chr., † vermutlich 270 v. Chr.
Auch bekannt als Theodoros von Kyrene.
Theodorus von Cyrene oder auch Theodoros Atheos genannt, was Theodoros der Gottlose bedeutet, war ein griechischer Philosoph. Nachdem er Cyrene verlassen musste, ging er nach Athen. Dort wurde er jedoch am Areopag angeklagt, weil er die Existenz der Volksgötter leugnete.

Theophrastus

* um 372 v. Chr., † um 287 v. Chr.
Auch bekannt als Theophratsos von Eresos.
Theophrast war ein griechischer Philosoph, Naturforscher und Schüler, so wie Nachfolger des Aristoteles. Er verfasste Schriften über Botanik und Mineralogie, Charakterstudien sowie Geschichten der Naturphilosophie. Doch bevor er zu Aristoteles kam, war er Mitglied und der Akademie des Platon. Er gilt als der erste, der sich ernsthaft mit der Baum- und Holzkunde beschäftigte.

Tiberinus

Römischer Flussgott des Tibers.
Auch bekannt als Tiberinus Pater.
Attribute: Schilfkrone und Grasmantel.
Tiberinus war der Flussgott des Tibers. Dadurch konnte er die Zwillinge Romulus und Remus sicher zur richtigen Stelle treiben und auf sie aufpassen. Romulus soll später dann den Kult des Tibe-

rius eingeführt haben. Tiberius rettete noch weitere Menschen aus dem Wasser, darunter auch seine zukünftige Frau.

Tiresias

Tiresias ist wieder so einer der griech. Mythologie, über den es zig verschiedene Sagen gibt, vor allem über seine Erblindung. So einmal in eine Frau verwandelt, von Hera erblindet und von Zeus die Sehergabe verliehen, wird ihm ein anderes Mal seine Männlichkeit zum Verhängnis, da er die Göttin Athene nackt sieht, welche ihn erblinden lässt, doch aufgrund ihrer Schwäche ihre Strafe nicht zurücknehmen kann, sondern ihm die Sehergabe schenkt. Dann wieder ein Priester des Zeus, der erblindete weil er die Geheimnisse der Götter verriet und darauf noch die Sehergabe bekam. Wie üblich sind die Sagen widersprüchlich und menschlich. Er gilt seit Homer als der Seher schlechthin, der, obwohl selbst in der Unterwelt, dem Odysseus wichtige Hinweise für seine Odyssee gab.

Venus

Altitalische Gottheit, röm. Göttin der Gärten, des Liebreizes und des Begehrens.
Auch bekannt als griech. Aphrodite, Ägypt. Hathor.
Attribute: Goldener Gürtel, Spiegel.
Tochter des Uranus. Venus war eine altitalische Göttin, welche später mit der griech. Aphrodite, gleichgesetzt wurde, steht zudem in enger Beziehung zu den Kulten der babylon. Ischtar, der phöniz. Astarte, der ägypt. Isis und wurde als Ahnherrin von Rom verehrt.

Vesta

Römische Göttin des Herdes.
Die Göttin Vesta war die wichtigste Gottheit nach Jupiter im Bezug auf das Wohlergehen des Römischen Reiches. Sie wird mit der griech. Göttin Hestia in Verbindung gebracht, ebenfalls Göttin des Herdes. Ihre Dienerinnen waren die Vestalinnen, von denen es immer 7 gab. Diese mussten vor allem darauf acht geben, dass das Feuer im Tempel der Vesta am Forum Romanum nicht ausging, denn es symbolisierte die Lebendigkeit der Stadt. Ging es aus, wurde das mit Rutenschlägen bestraft. Brach eine Vestalin die Vorschrift ein keusches Leben zu führen, wurde sie lebendig begraben.

Volumnus

Römischer Schutzgott der Neugeborenen.
Er ist der Männliche Part von Volumina. Die Römer hatten viele Götter, welche für ihre Kinder zuständig waren. Volumina soll auch dafür zuständig gewesen sein, dass alle Götter die für die Kinder zuständig waren, einen guten Willen hatten.

Vulcanus

Römischer Gott des Feuers, der Schmiedekunst, der Handwerker. Auch bekannt als Volcanus, Vulcan, Griech. Hephaistos, Ägypt. Prah.
Attribute: Hammer, Zange und Doppelaxt.
Sohn des Jupiter und der Juno. Er ist das Interpretation Romana (bezeichnet die römische Sitte, sich andere Gottheiten einzuverleiben) des griechischen Gottes Hephaistos.

Xenophanes

* um 580 v. Chr., † um 480 v. Chr.
Xenophanes war ein griechischer Philosoph und Dichter. Er vertrat gegenüber der Gottesvorstellung der homerischen Epen und der Volksreligion die Einheit und Geistigkeit Gottes und kämpfte damit gegen die Übertragung menschlicher Eigenschaften auf die Gottheiten, die sowohl physisch als auch psychisch vielfach nach dem Bild des Menschen orientiert sind.

Xenophon

* um 426 v. Chr., † um 355 v. Chr.
Xenophon, der Schüler des Sokrates, war ein griechischer Schriftsteller. Er setzte seinem Lehrer durch seine Werke ein Denkmal.

Zenon von Kitium

* um 336 v. Chr.,† um 264 v. Chr.
Zenon von Kitium oder Kition wird auch Zenon der Jüngere genannt. Er ist der Begründer der Stoa, einer Richtung der Philosophie. Wie die meisten philosophischen Richtungen, begründete er seine stoische Schule.

Namensregister

A

B

C